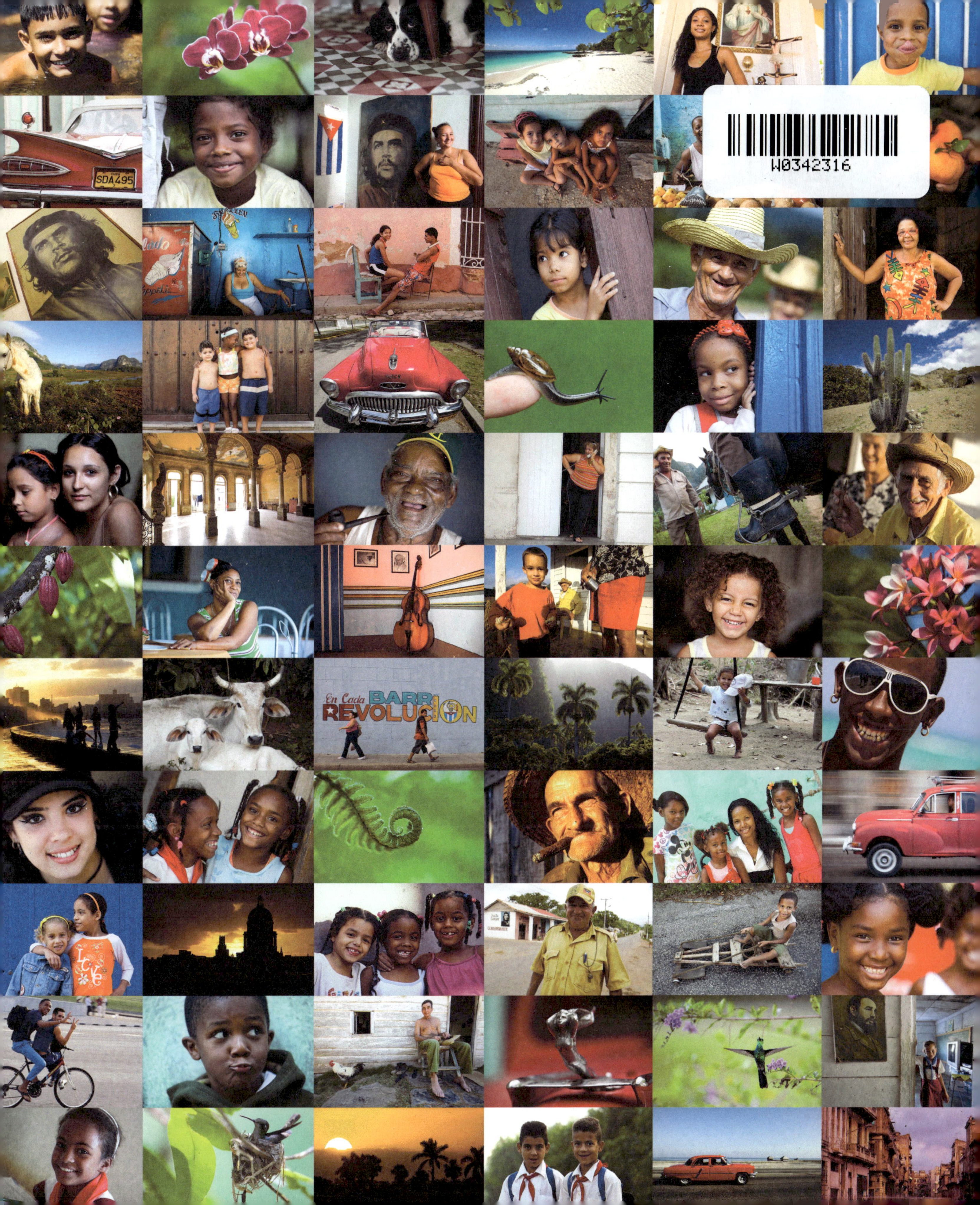
SDA 495
En Cada BARRIO
REVOLUCION

Für Luis und Vida

KUBA

ZWISCHEN TRAUM UND WIRKLICHKEIT

Es blieb ein Traum

17.3.2017

Hermann

NATIONAL GEOGRAPHIC

Fotos Tobias Hauser
Text Robert Fischer

GESCHICHTE

WESTEN

ZENTRALKUBA

OSTEN

BEGEGNUNGEN

Seiten 2/3_Abendstimmung auf dem Paseo del Prado, Havannas Prachtstraße
Seiten 4/5_Traumschöne Bucht auf Cayo Saetía, einem der Hauptinsel im Nordosten vorgelagerten Naturparadies
Seiten 6/7_«Drei Dinge sind uns aus dem Paradies geblieben: die Sterne der Nacht, die Blumen des Tages und die Augen der Kinder.» (Dante Alighieri, italienischer Dichter)

FÜR KUBA, IN LIEBE

Viele Male habe ich mich schon gefragt, was die Definition des „Kubanischen“ ist. Und ich frage mich das jedes Mal, wenn ich einen Film mache.

Ich erinnere mich, als ich den Film „Das Leben, ein Pfeifen“ (Originaltitel: *La vida es silbar*) drehte, dass ich sehr gründlich über dieses Thema nachdachte, weil eine der Hauptdarstellerinnen eine allegorische Repräsentation Kubas sein sollte. Schließlich entschied ich mich, dieses Kuba wie eine kraftvolle Mutter darzustellen, gastfreundlich, von einnehmendem Wesen und musikalisch. Und Mulattin. Warum? Weil durch dieses Bild, durch diese leibliche Erscheinung einige der typischen Attribute der *cubanía* repräsentiert werden konnten: die tropische Herkunft, die Musikalität, die ethnische Vermischung ... Attribute, die sicherlich charakteristisch und typisch für die Kubaner geworden sind, neben der Extraversion, der Sinnlichkeit, der Spontaneität etc.

Aber ist das der Inbegriff, die Essenz des kubanischen Wesens, der *cubanía*, der sie von allen anderen unterscheidet?

Ich fühle mich zu hundert Prozent kubanisch, obwohl ich weder tanzen kann noch Rhythmusgefühl habe; ich bin introvertiert und trinke lieber schottischen Whisky als Rum. Viele meiner äußeren Eigenschaften klassifizieren mich also nicht als typischen Kubaner. Auf der anderen Seite bin ich seit meiner Kindheit mit den Sitten und Gebräuchen, mit dem Essen, der Sprache und den Gesten so vertraut, dass sie mich als Kubaner durch und durch kennzeichnen.

Aber ist es das, was meine *cubanía* ausmacht? Für den hoch geschätzten kubanischen Wissenschaftler Fernando Ortiz kann man *la cubanía* nicht in eine exakte Definition fassen, weil es sich nicht um einen Leitsatz handelt: „Das Kubanische“ ist eine Mischung unterschiedlicher Wurzeln und Traditionen, die ständig in Bewegung sind, die sich ständig verändern und immer am Köcheln sind – wie der *ajiaco*, ein auf Kuba sehr beliebter Eintopf aus verschiedenen Zutaten.

Genau aus diesem Grund habe ich die *cubanía* nie mit Worten erklären können, weil es nicht die äußeren Attribute sind (die Zutaten zum *ajiaco*), die zählen, sondern das Köcheln im Inneren; die unaussprechliche und wechselnde Energie, welche die Kubaner antreibt, das innere Feuer, tiefgründig und spirituell, das unsere Eigenart erglühen lässt.

Die Fotos von Tobias Hauser in diesem Buch zu sehen, berührte mich als Kubaner, weil ich mich in ihnen wiedererkennen konnte. Das Objektiv von Tobias fängt das tiefe Blau unseres Meeres ein, das leuchtende Grün unserer Felder, den beinahe choreografiert wirkenden Flug unserer Vögel. Dies aber einzig und allein als Umfeld für eine Landschaft, die noch echter und aufschlussreicher ist: jener, welche die menschliche Geographie beleuchtet, die zahllosen Gesichter Kubas.

Sie sehen eine Barbierstube, Männer beim Dominospielen, eine Hütte mitten in den Bergen, Kinder vor der Moncada-Kaserne, zwei Frauen, die am Straßenrand sitzen, einen Mann mit einem Schwein über der Schulter und viele Gesichter, die in die Kamera lächeln ... Und in jedem Foto werden Sie eine Regung entdecken: die manchmal kaum fassbare kubanische Seele.

Marcel Proust schrieb einmal, die wahre Entdeckungsreise bestehe nicht darin, neue Landschaften aufzusuchen, sondern neue Augen zu haben. Tobias' Bilderreise durch Kuba ist eine wahre Entdeckungsreise im Sinne von Proust, weil das Auge seiner Kamera sich verändert hat und weil sein Blick der Blick eines Kubaners ist. Dass es einem Fremden gelungen ist, diese Aura des Kubanischen zu fühlen und in seinen Bildern einzufangen, ist eine ungewöhnliche künstlerische Leistung.

Reisen Sie also weiter, verehrte Leserinnen und Leser, durch diesen Bildband und genießen Sie diesen *ajiaco* der *cubanía*, den Tobias Hauser uns Kubanern und der Welt geschenkt hat.

Fernando Pérez
Kubanischer Filmregisseur

que vivir en cadenas era vivir en oprobios y afrenda sumidos
y que morir por la Patria es vivir...
FIDEL

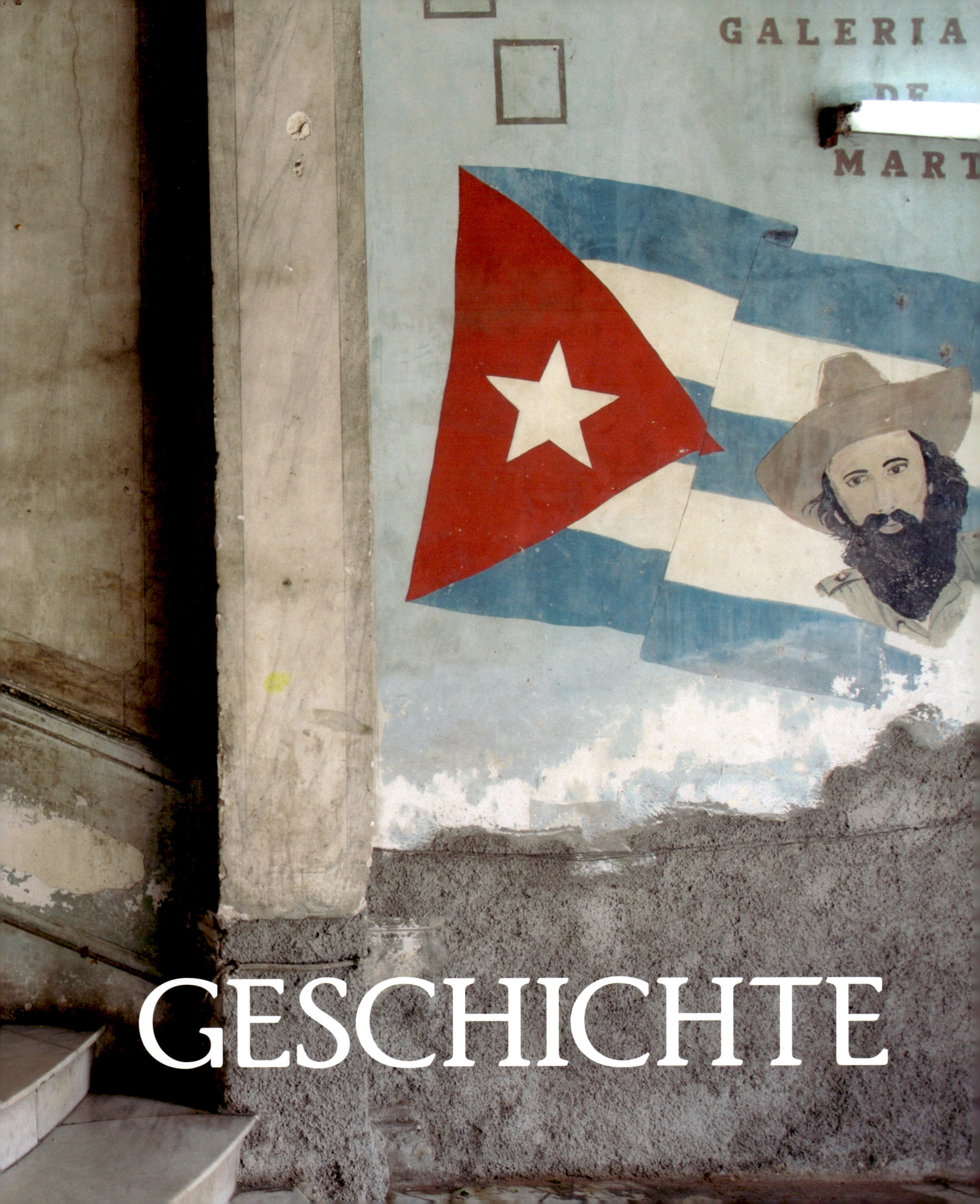

GESCHICHTE

Seiten 12/13_Treppenaufgang einer alten Jugendstilvilla in Havanna. Der kubanischen Nationalhymne entlehnt ist die letzte Zeile der Inschrift an der Wand: *Que morir por la Patria es vivir* («Denn für das Vaterland zu sterben, heißt leben»).

IRRUNGEN UND WIRRUNGEN

KUBA UND DIE KUBANER

„Alle träumten von Cuba" heißt ein Buch des kubanischen Schriftstellers und Ethnologen Miguel Barnet. Alle? In Barnets in den 1980er-Jahren erschienenem Roman geht es um die Hoffnungen und Träume galicischer Einwanderer. Was aber bewegte die indigenen Völker, die – vom Orinoko-Becken im heutigen Venezuela her kommend gen Norden ziehend – schon lange vor den spanischen „Entdeckern" diese Inseln besiedelten? Wovon träumte Christoph Kolumbus, als er Ende Oktober 1492 als erster Europäer vor der Nordostküste der Hauptinsel anlandete und in seinem Logbuch festhielt, er habe keinen schöneren Ort je gesehen? Was waren die Träume der im 19. Jahrhundert aus Afrika eingeschifften Sklaven, die später auf den kubanischen Plantagen arbeiten mussten? Was bewegte die Rebellen der Unabhängigkeitskriege im folgenden Jahrhundert wie den kämpferischen Dichter José Martí? Wovon träumte man auf Kuba nach dem Ende der spanischen Kolonisation, als das Land zwar formal unabhängig war, aber zum Spielball US-amerikanischer Interessen wurde? Als sich Havanna in ein karibisches Las Vegas verwandelte? Welche Träume hatten Revolutionäre wie Fidel Castro, sein Bruder Raúl und der argentinische Arzt Ernesto „Ché" Guevara im Kampf gegen den Diktator Fulgencio Batista? Und wovon träumen heute die Kinder der Revolution, von denen inzwischen jedes zehnte im vorzugsweise US-amerikanischen Exil lebt, während die alte Heimat zwar immer noch das „Tor zur Neuen Welt" ist, immer noch „die Perle der Antillen", aber nun eine Welt im Umbruch?

Spätestens mit Kolumbus beginnen die Irrtümer in der an Irrungen und Wirrungen reichen Historie des Landes. Der italienische Seefahrer in Diensten der spanischen Krone, als „Admiral der Weltmeere" mit einem Vertrag ausgestattet, der ihm zehn Prozent aller Einnahmen aus seinen Entdeckun-

ECKDATEN DER GESCHICHTE

2000 V. CHR.

1492

KOLUMBUS LANDET IM OSTEN DER INSEL

_Die seit etwa 2000 v. Chr. besiedelte Insel wird spanische Kolonie.
_Diego Velázquez de Cuéllar und seine Truppen erobern die „Perle der Antillen“ und unterwerfen die „Indianer“.
_In den folgenden rund 50 Jahren stirbt ein Großteil der indigenen Bevölkerung.
_Tausende Sklaven aus Afrika werden eingeschifft.

UM 1850–1901

SKLAVENAUFSTÄNDE UND KRIEGE

_In der 2. Hälfte des 18. Jahrhunderts arbeiten etwa eine halbe Million Afrikaner auf Kuba. Der Anbau von Tabak und Zucker ist inzwischen zum wichtigste Wirtschaftsfaktor geworden.
_Erster Unabhängigkeitskrieg (1868 bis 1878).
_Befreiungskämpfer wie Máximo Gómez, Antonio Maceo und José Martí bereiten im US-amerikanischen Exil einen neuen Aufstand vor.
_Zweiter Unabhängigkeitskrieg (1895 bis 1898).
_José Martí stirbt bereits im ersten Jahr der Erhebung und wird als Märtyrer des Befreiungskampfs zum kubanischen Volkshelden.
_Die USA erklären Spanien den Krieg und halten Kuba vier Jahre lang besetzt.

1900

1902

PSEUDO-REPUBLIKUND DE-FACTO-KOLONIE

_Kuba erhält formell seine Unabhängigkeit von den USA, wird aber in seiner Souveränität eingeschränkt.
_Tomás Estrada Palma wird als Präsident eingesetzt.

1950

1953–1959

SIEG DER KUBANISCHEN REVOLUTION

_Im Kampf gegen den Diktator Fulgencio Batista führt Fidel Castro einen Sturm auf die Moncada-Kaserne an. Castro und 25 überlebende Mitstreiter werden inhaftiert.
_Castro geht 1955 nach einer Amnestie ins mexikanische Exil.
_Am 2. Dezember 1956 landen Castro und seine Gefährten an der kubanischen Südküste.
_Am 2. Januar 1959 ruft Castro in Santiago de Cuba die Revolution aus.

1959–2008

DIE ÄRA DES MÁXIMO LÍDER

_Bedeutende Reformen: landesweite Alphabetisierungskampagne, kostenlose Gesundheitsversorgung und Agrarreform.
_Enteignung von Großgrundbesitz und Verstaatlichung der Banken.
_1961 scheitert eine Invasion von Exilkubanern in der Schweinebucht.
_1962 bringt die Kuba-Krise die Welt an den Rand eines Atomkriegs. Im selben Jahr verkünden die USA ihr bis heute bestehendes Handelsembargo.
_Mit dem Zerfall der UdSSR 1989 verliert Kuba seinen wichtigsten Verbündeten und Handelspartner. Eine Wirtschaftskrise sowie die Rationierung von Lebensmitteln, Alltagsgütern und Strom sind die Folge
_2008 endet nach 49 Jahren die Amtszeit des erkrankten Fidel Castro.

2000

AB 2010

KUBA IM UMBRUCH

_2010 werden „nichtstaatliche“ Formen der Erwerbstätigkeit teils erlaubt, teils gefördert (*cuentapropistas* – „Ich-AGs“).
_2013 wird das Gesetz zur Regelung „weitgehender“ Reisefreiheit verabschiedet.
_2016 betritt Barack Obama als erster US-Präsident in 88 Jahren kubanischen Boden.

HEUTE

1_Kubas präkolumbianische Geschichte ist 3500 Jahre alt, doch die meisten Geschichtsbücher beschäftigen sich vorwiegend mit den vergangenen 500 Jahren. Unmittelbar präsent ist im kollektiven Gedächtnis vor allem die – hier beim Tag der Arbeit in Havanna – gefeierte Kubanische Revolution.
2_Das Reiterdenkmal für General Máximo Gómez in Havanna erinnert an einen der wichtigsten Anführer des Zweiten kubanischen Unabhängigkeitskrieges Ende des 19. Jahrhunderts.

«DIE NATUR HAT DIESEN ARCHIPEL ZUM KNOTENPUNKT DER WELT GEMACHT ...»

JOSÉ MARTÍ, KUBANISCHER FREIHEITSHELD

gen garantierte, wähnte sich im Westen Indiens angelangt. Dem von ihm betretenen Neu- und vermeintlichen Festland gab er den Namen „Juana" – nach Johanna I., der Tochter und Thronerbin der spanischen Königin Isabella I. So felsenfest war Kolumbus von der Richtigkeit seiner geographischen Verortung überzeugt, dass er seinen Irrglauben am 12. Juni 1494 offiziell zum Dogma erheben ließ. Ein Vorgang, der typisch zu sein scheint für die Geschichte des Landes, genauso wie die Folgen eines solchen Irrglaubens: Wer das von Kolumbus beschriebene Neuland als Insel bezeichnete, musste mit drakonischen Strafen rechnen – 100 Peitschenhiebe für die Matrosen, den Verlust der Zunge für die Offziere.

Der Name „Kuba" für den zwischen dem Golf von Mexiko, dem Atlantik und dem Karibischen Meer gelegenen Archipel setzte sich erst später durch. Dazu gehört neben der gleichnamigen Hauptinsel und der südwestlich vorgelagerten Isla de la Juventud noch eine kaum überschaubare Vielzahl kleinerer und kleinster Eilande. Der Name bezieht sich auf das „indianische" Wort *Cubagua* („Goldfundstätte") und bezeichnet ziemlich präzise den Traum der spanischen Truppen unter Diego Velázques, die Kuba im Kielwasser von Kolumbus ab 1511 kolonialisierten.

Für die indigene Bevölkerung bedeutete der spanische Traum einen Albtraum, dessen grausamste Details der in Sevilla geborene Dominikanermönch Bartolomé de Las Casas in seinem „Kurzgefassten Bericht von der Verwüstung der Westindischen Länder", 1541/1542, geschildert hat. Die älteste auf Kuba siedelnde Kultur waren die Guanahatabey, die bereits um das Jahr 2000 v. Chr. hierherkamen und während der spanischen Kolonisation als Jäger und Sammler in Höhlen an der Küste der heutigen Provinz Pinar del Río lebten. Weder sie noch die ihnen nachfolgenden Angehörigen einer ebenfalls steinzeitlichen Kultur, die als Fischer und Kleinbauern an der Süd-

1

2

3

4

5

6

3_Das große Glück im Kleinen: Ela und Alfonso sind seit mehr als 70 Jahren ein glückliches Paar – und die Helden der Revolution auch in ihrem Heim allgegenwärtig.
4_Kuba befindet sich in einem tiefgreifenden Wandel, aber zu ihrem Nationalstolz gehört, dass selbst ausreisewillige Kubaner die Revolution im Zweifel immer verteidigen würden.
5_Die Ideale der Revolution werden nach wie vor hochgehalten, aber inzwischen ist auch ...
6_... etwas Ernüchterung eingetreten – Parolen wie *Hasta la Victoria Siempre* («Bis zum immerwährenden Sieg») zum Trotz.

1_Weggefährte der Kubanischen Revolution: «Seien wir realistisch, versuchen wir das Unmögliche», lautete die Philosophie von Ernesto „Che" Guevara.
2_Hoffnungen und Wünsche kann man nicht essen, und seien sie noch so revolutionär. Bezahlbare Lebensmittel sind nicht nur hier in Havanna knapp.
3_«Sozialismus oder Tod» war der gemeinsame Wahlspruch von Fidel Castro und Hugo Chávez (rechts im Bild). Nach dem Tod des venezolanischen Staatspräsidenten im März 2013 wurde auch auf Kuba eine mehrtägige Staatstrauer ausgerufen.

küste des Archipels lebenden Siboney, hinterließen schriftliche Zeugnisse. Genauso wenig wie die mit den Arawak von den Großen Antillen verwandten Taíno als letzte und bedeutendste präkolumbianische Kultur. In mehreren Einwanderungswellen erreichten sie gegen Ende des 1. Jahrtausends n. Chr. die Inseln, wo sie Ackerbau (Tabak, Maniok, Baumwolle) betrieben, Keramiken brannten und in strohgedeckten Hütten (*bohíos*) lebten, wie sie in den ländlichen Gegenden Kubas bis heute zu finden sind. Von Kolumbus wurden sie als freundlich, liebenswürdig und «ohne Kenntnis von Bosheit» beschrieben – rund 50 Jahre nach der spanischen Eroberung waren die meisten von ihnen tot: gestorben an den unmenschlichen Arbeitsbedingungen und an den Krankheiten, die von den *conquistadores* eingeschleppt worden waren.

Die weitere Geschichte Kubas blieb bis in die 1960er-Jahre hinein geprägt von fremder Einmischung und internen Zwistigkeiten, von Gewalt und Blutvergießen. Auf die Vernichtung der indigenen Bevölkerung folgte die Ausbeutung der afrikanischen Sklaven, auf zwei erbittert geführte Unabhängigkeitskriege folgte die gnadenlose Diktatur unter Batista. Von ihr konnten sich die Kubaner wohl nur um den Preis eines jahrzehntelang währenden sozialistischen Experiments befreien. Vielleicht auch nur um den Preis einer US-amerikanischen Blockadepolitik und die Abhängigkeit von der damaligen Sowjetunion. Das Nationalbewusstsein der Kubaner wurde von diesem „Experiment" ganz entscheidend geprägt: Die Geschichte(n) der Revolution – vom Sturm auf die Moncada-Kaserne über den Kampf in der Sierra Maestra und den Sieg der Revolutionäre am Neujahrstag 1959 bis hin zur Invasion in der Schweinebucht – kennt in Kuba jedes Kind. Jetzt aber, nach dem Ende des Kalten Krieges und dem Ende der Ära Fidel Castros, werden die Uhren neu gestellt: Alles zurück auf Anfang? Bereit für die Zukunft? Für einen – neuen – kubanischen Traum? |

1

2

3

4

5

6

7

4_2006 übernahm Raúl Castro (Bildmitte) von seinem schwer erkrankten Bruder Fidel die Amtsgeschäfte. 2008 wurde er Präsident des Staats- und Ministerrats der Republik Kuba und 2011 Erster Sekretär des Zentralkomitees der Kommunistischen Partei Kubas.

5_Die Revolution entlässt ihre ...

6_... Kinder: Stolze 98 Prozent beträgt heute die Alphabetisierungsrate der über 15-Jährigen auf Kuba.

7_Mit Festreden und Paraden wird alljährlich der „Tag der Arbeit" begangen.

WESTEN

Die ungewöhnliche Vielzahl der Oldtimer auf Havannas Straßen liegt in einem alten Gesetz begründet: Mehr als 50 Jahre lang durften Kubaner nur Autos kaufen oder verkaufen, die schon vor der Revolution 1959 auf Kubas Straßen unterwegs waren.

Tabak spielt schon seit dem Beginn der Kolonialisierung eine wesentliche Rolle in der Exportwirtschaft des Landes. Kuba hat nach China die zweitgrößte Tabakanbaufläche der Welt und ist für seine hervorragenden Zigarren berühmt.

Seiten 20/21_Oldtimer am Malecón, Havannas Uferpromenade. *Máquina* (Maschine) nennen die Kubaner ihre alten Autos, die sie mit sehr viel Geschick und noch mehr Geduld fahrtüchtig halten.

PINAR DEL RÍO

IM REICH DER TABAKBAUERN

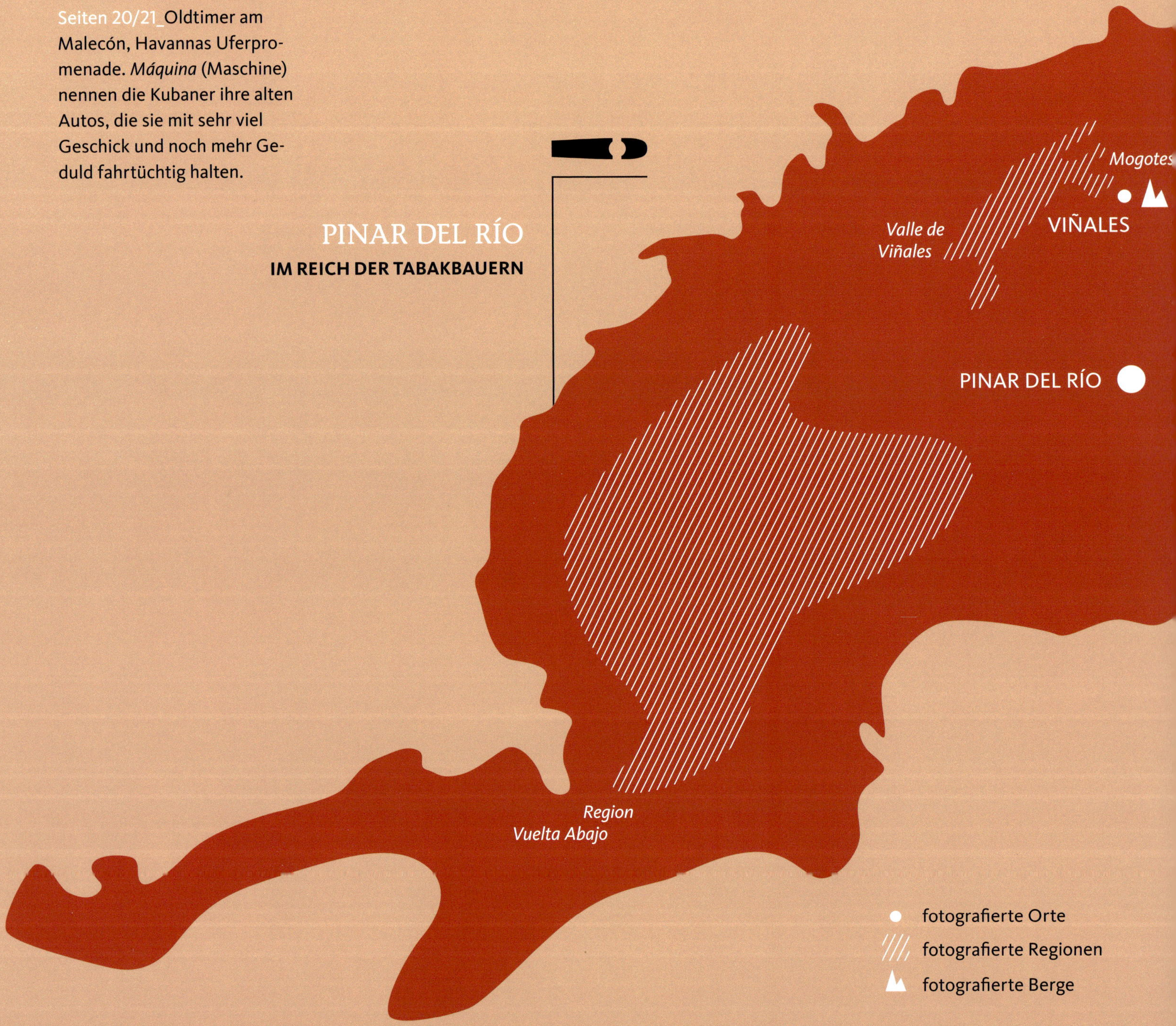

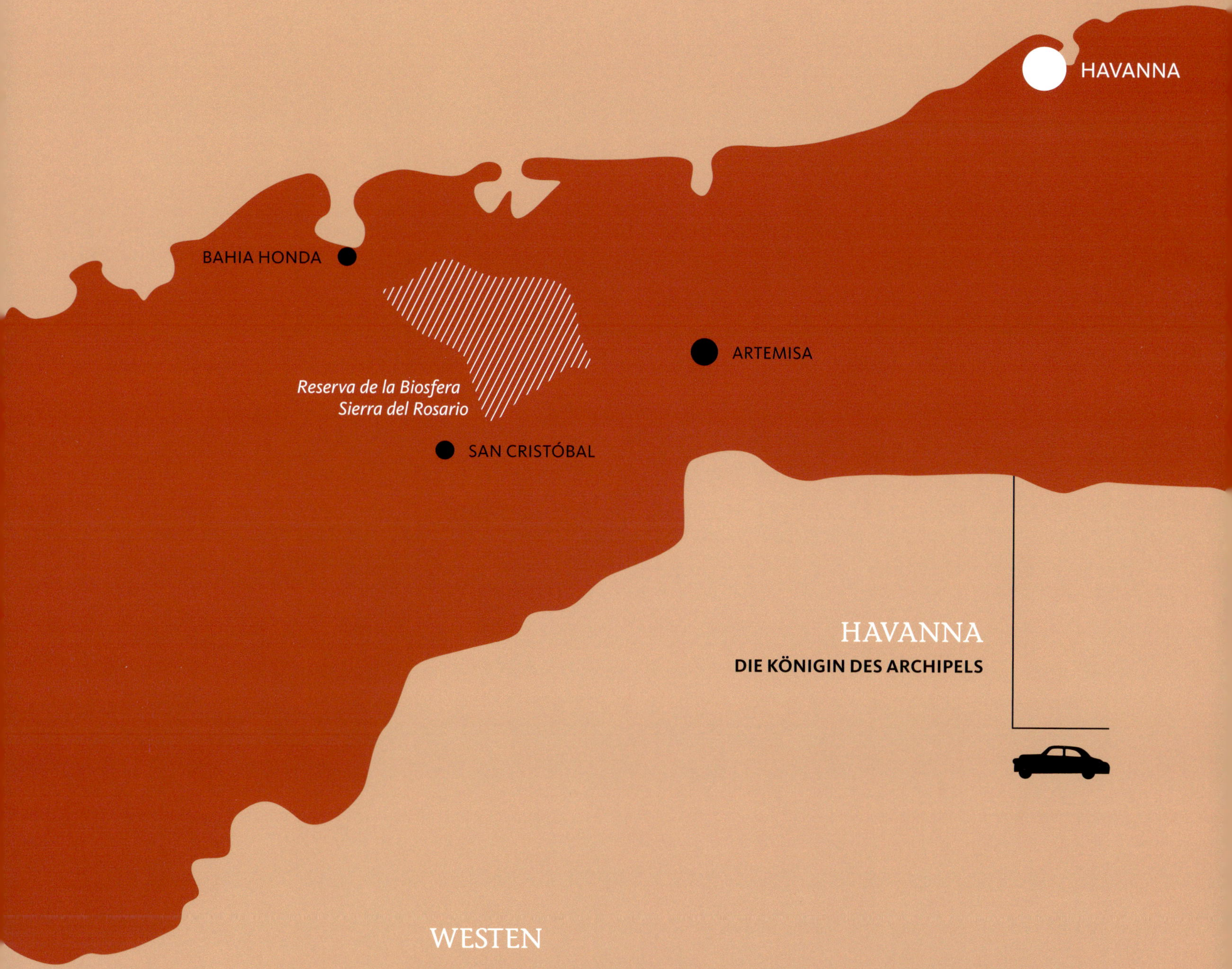

HAVANNA

DIE KÖNIGIN DES ARCHIPELS

WESTEN

«Ciudad la Habana», die kubanische Hauptstadt im Nordwesten der Insel, war unter der spanischen Kolonialherrschaft eine der bedeutendsten Metropolen der Neuen Welt. Danach verwandelte sie sich in ein glitzerndes Sündenbabel der Karibik und verfiel dann immer mehr. Heute werden zwar Havannas Altstadt und seine Festungen als Unesco-Welterbe geschützt, doch neben der alten Pracht ist der Verfall längst unübersehbar geworden. Die Schönheit liegt hier, wie so oft, im Detail und im Auge des Betrachters. Es gilt also, eigene Entdeckungen zu machen, auch weiter im Westen, in der Provinz Pinar del Río, dem smaragdgrünen Reich der Tabakbauern.

LICHTER DER GROSSSTADT

Die 90 Meter hohe Kuppel des *Capitolio Nacional* überragt die Dächer von Havanna. Ihre Mitte markiert den Nullpunkt, von dem aus alle Entfernungen auf Kuba gemessen werden. Zunächst Sitz des kubanischen Parlaments, beherbergt der in den Jahren 1926 bis 1929 errichtete Bau seit 1959 unter anderem die Kubanische Akademie der Wissenschaften.

›

HAVANNA

DIE KÖNIGIN DES ARCHIPELS

Abends am Malecón, Havannas die Altstadt mit dem modernen Regierungs- und Vergnügungsviertel Vedado verbindender Uferpromenade: Ein leichter Wind weht über das Meer, treibt Welle um Welle an den Strand, träufelt Salz auf unsere Haut. Wäre man ein Riese, könnte man jetzt wohl nach Florida hinüberspucken. Die südlichste Spitze der Florida Keys ist nur 140 Kilometer entfernt. Hier am Malecón aber weht immer eine frische Brise, und abends drehen die Habaneros ihre Musik auf, bis sich der verdutzte Zaungast verblüfft die Ohren reibt. „Buena Vista Social Club"? Nein, das war gestern und vielleicht doch nur ein schöner Traum von Ry Cooder und Wim Wenders. Heute sind die Klänge rauer und härter, mischen sich Hip-Hop und Rap mit Reggae und einigen wenigen Anklängen an die afroamerikanische Tradition.

Noch ist die Luft sehr heiß, das spüren nicht nur die Hand in Hand den Malecón entlanglaufenden turtelnden Paare. Die Nacht wird die Hitze des Tages kaum lindern können. Eine rasch untergehende Sonne färbt den Himmel über Havanna zuerst orange, dann dunkelrotviolett. Aufgelockert wird das Ganze allein von ein paar dahingetupften Schäfchenwolken.

Benannt wurde die Stadt, die mit vollem Namen San Cristóbal de la Habana heißt, nach der Tochter eines Taíno-Häuptlings. Gegründet wurde sie im August 1515 als letzte der sieben *villas*, die die spanischen Eroberer bald nach ihrer Landung errichtet hatten, um ihrer neuen Kolonie eine strenge Zentralverwaltung zu geben. Zunächst wählte der spanische Konquistador Pánfilo de Narváez dafür einen Ort an der Südküste der Hauptinsel, nahe der Mündung des Río Mayabeque. Doch in den folgenden fünf Jahren ließ er die Siedlung zweimal verlegen, um Moskitoplagen zu entgehen. Erst am 17. Dezember 1519 ließ man sich schließlich, weit entfernt von den übrigen Siedlungen der *conquistadores*, an der Nordwestküste Kubas nieder, wo der

› S. 30

HERAUSGEPUTZT

Die alten, oftmals aus den USA stammenden Autos prägen das Bild auf Havannas Straßen.

TAXI GEFÄLLIG?

„Die Kubanische Revolution und wie erkläre ich sie meinem Taxifahrer“ heißt ein Buch des 1962 in Havanna geborenen Schriftstellers und Übersetzers José Manuel Prieto. Darin wundert er sich darüber, «welcher Beliebtheit sich die Kubanische Revolution unter den Taxifahrern aller Länder erfreut». Großer Beliebtheit, vorwiegend bei Touristen, erfreuen sich aber auch kubanische Taxifahrer wie Juan Carlos. Er steuert seinen Wagen so fröhlich wie sicher durch die Straßen Havannas.

AMIGOS

Freundschaft kennt keine ethnischen Grenzen. Diese beiden Jungen nutzen eine alte, einst einem Arzt gehörende Kolonialvilla in *Centro Habana* als ihren ganz persönlichen Abenteuerspielplatz.

LEBENDIGE KULISSE

Gleich hinter dem Malécon beginnt die Altstadt. Entlang ihrer Häuser hängt die Wäsche über dem Balkon, wird im Schatten der Kolonnaden parliert, davor flaniert, und immer fährt irgendwo ein sorgfältig restaurierter Oldtimer von hier nach da. Hinzu kommen „Coco-Taxis" (links im Bild), kleine, dreirädrige Mopeds mit einem gelben Aufbau für Touristen. Der erinnert an eine Kokosnuss – daher der Name.

›

«DER ANBLICK HAVANNAS AM EINGANG DES HAFENS IST EINER DER HEITERSTEN UND MALERISCHSTEN, DEREN MAN … SICH ERFREUEN KANN.»

ALEXANDER VON HUMBOLDT, NATURFORSCHER

Legende nach unter einem Kapokbaum an der heutigen Plaza de Armas die erste Messe gelesen worden sein soll. Entscheidend für diese Ortswahl war neben der strategisch günstigen Lage am Golf von Mexiko der ideal geschützte Puerto de Cardenas, die heutige Bahía de la Habana. Dabei handelt es sich um einen flaschenhalsförmigen Naturhafen, den die Eroberer als Sammelpunkt ihrer Silberflotte zu nutzen wussten: jener im Spanischen *Flota de Indias* genannten Galeonen, die, mit Gold und Silber aus Mexiko und Peru beladen, von hier aus im sicheren Konvoi zurückfuhren.

Die Stadt selbst war zunächst weniger sicher. 1538 brannten französische Piraten Havanna bis auf die Grundmauern nieder, 1555 plünderten erneut französische Freibeuter den Ort, der daraufhin mit mächtigen Verteidigungsanlagen umgeben wurde. In deren Schutz entwickelte sich das auf einem immer wieder durch großzügige Plätze unterbrochenen, schachbrettartigen Straßengitter angelegte Alt-Havanna, *La Habana Vieja*, zur blühenden Metropole. An dieser Stelle trafen sich Siedler, Abenteurer und andere Glückssucher aus allen europäischen Ländern. Schon im Jahr 1553 verlegte der spanische Gouverneur seinen Sitz von Santiago de Cuba hierher, 1607 ernannte man Havanna offiziell zur Hauptstadt der kubanischen Kolonie. Unterbrochen wurde diese Kolonialherrschaft nur einmal, im Siebenjährigen Krieg (1756–1763): 1762 eroberten die Briten, damals die stärkste Seemacht der Welt, Havanna. Doch ein Jahr später erhielten die Spanier die Stadt schon wieder zurück – im Tausch gegen Florida.

Für erneuten Reichtum, der auch für den Bau weiterer kolonialer Prachtbauten und Flaniermeilen genutzt wurde, sorgte ab dem Ende des 18. Jahrhunderts der einsetzende Zuckerboom. Auch das heute die Dächer der Stadt überragende, in den Jahren 1926 bis 1929 unter dem Diktator Gerardo Machado errichtete Kapitol wurde mithilfe des in den Boomzeiten gewonnenen

› S. 36

ANSICHTEN

Tommy Reyes Martinez tanzte lange im Kubanischen Nationalballett, einem der angesehensten Ensembles der Welt. Sein ganzer Stolz ist sein Haus in Havanna, das er bis obenhin angefüllt hat mit Memorabilia seiner Kunst. Über das Leben des ehemaligen Tänzers drehte die schwedische Dokumentarfilmerin Tora Mårtens 2007 den auf vielen internationalen Festivals gezeigten Kurzfilm „Tommy" – ein sensibles Porträt eines so schrillen wie liebenswerten Menschen.

EINSICHTEN

Die in den Jahren 1748 bis 1778 von Jesuiten erbaute Kathedrale von Havanna mit ihren auffallend asymmetrischen Türmen birgt hinter der barock geschwungenen Fassade einen Hochaltar mit Intarsien aus Gold, Silber und Onyx sowie Fresken des italienischen Meisters Giuseppe Perovani. Einige Jahre lang war hier der mutmaßliche Leichnam von Christoph Kolumbus bestattet – nach dem Ende der spanischen Kolonialherrschaft 1898 wurde er nach Sevilla überführt.

OPEN ART

Auch das ist eine Möglichkeit, sein Geld zu verdienen: Diese Familie verkauft in ihrem Haus in Alt-Havanna Bilder verschiedener Künstler des Viertels – der Wohnraum als Galerie.

SCHÖNHEITEN

Frauen mit Lockenwicklern sind auf der Karibikinsel ein alltägliches Bild. Indira hat Sprachen studiert und träumt davon, eines Tages als Fotografin oder Dolmetscherin durch die Welt zu reisen.

ZEITENWENDE

«Damals in Habana blätterte der Putz ab / von den Häusern, am Hafen stand unbeweglich / ein fauler Geruch, üppig verblühte das Alte, / der Mangel nagte Tag und Nacht / sehnsüchtig am Zehnjahresplan ...» (Hans Magnus Enzensberger in seinem Versepos „Der Untergang der Titanic").

›

«DIE ALTSTADT WIRKT AUF MICH OFT WIE EIN PERFEKT ORGANISIERTES FREILICHTMUSEUM.» TOBIAS HAUSER

Zuckergeldes sowie mit Unterstützung der USA errichtet. Endgültig vertrieben wurde die spanische Kolonialmacht erst weitere 100 Jahre später: 1898 nahm die USA die Explosion ihres Schlachtschiffs „USS Maine" im Hafen von Havanna zum Vorwand für einen Krieg gegen Spanien, der noch im selben Jahr mit der Besetzung Kubas, Puerto Ricos, Guams und der Philippinen durch die USA endete. Für die Spanier bedeutete das den Verlust ihrer letzten wichtigen Kolonien. In der Folge wurde Havanna zu einem Ziel für Glückssucher aus aller Welt, die nun in diversen Nachtklubs dem Laster frönten. Wenn es nach dem korrupten Regime Batistas, Machados Nachfolger, gegangen wäre, wäre die Stadt vielleicht noch heute jenes karibische Sündenbabel, das es damals war. Batistas Stadtplaner waren es auch, die im Januar 1959, als Fidel Castro in Havanna einmarschierte, gerade die halbe Altstadt abreißen lassen wollten, um Platz für Parkplätze zu schaffen.

Heute leben in Havanna knapp 2,2 Millionen Menschen, in der Metropolregion sind es sogar fast drei Millionen. Dass die Altstadt ihren Erhalt den kubanischen Revolutionären zu verdanken hat, klingt wie ein Treppenwitz der Geschichte, wenn man bedenkt, dass Fidel Castro der kosmopolitischen Großstadtbourgeoisie stets misstraute. Seine Mitstreiter suchte er sich lieber auf dem Land – selbst die ihm anfangs durchaus zugetane studentische Elite hielt er von sich fern.

Tatsächlich retteten die sozialistischen Kämpfer zwar zum einen Havannas Altstadt vor einer „Modernisierung", die ihr womöglich die Existenz, sicher aber auch jeglichen Charme geraubt hätte. Zum anderen konservierten sie in den nachfolgenden Jahrzehnten aber auch nur den Verfall, der heute an allen Ecken und Enden unübersehbar ist. So blieb Havanna zwar «die Königin des Archipels», aber wie die Königin einer längst untergegangenen Monarchie trägt die Stadt ein an vielen Stellen immer löchriger werdendes Gewand, das

› S. 43

ЮПИТЕР 5

IMPROVISATION …

… ist das halbe Leben. Das gilt erst recht auf Kuba, wo die Not erfinderisch macht – auch, was die Reparatur schnittiger Straßenflitzer angeht. Die Oldtimer müssen nämlich immer wieder restauriert und repariert werden. Wegen fehlender Ersatzteile ist oftmals Einfallsreichtum gefragt: So rattern zum Beispiel in vielen der alten amerikanischen Straßenkreuzer statt des Originals schon längst russische Motoren.

ÜBER DEN DÄCHERN DER STADT

Jeder verfügbare Platz in Havannas Altstadt wird genutzt – nicht nur zum Wäscheaufhängen. Auf manchen Dächern leben ganze Familien.

SCHATTENSPIELE …

… auf dem Paseo del Prado, Havannas ehemaliger Prachtstraße. Sie führt von der Festung La Punta an der Hafeneinfahrt in südlicher Richtung bis zum Kapitol. Der Prado erweist sich als idealer Spielplatz für die Kinder und Kindeskinder der Revolution: Als Fidel Castro im Januar 1959 die Regierungsgeschäfte übernahm, waren acht von heute mehr als elf Millionen Kubanern noch gar nicht geboren.

›

AUSBLICK

Inmitten der Großstadtmetropole bewahrt Alt-Havanna eine «interessante Mischung aus barocken und neoklassizistischen Bauten sowie ein Ensemble privater Wohnhäuser mit Arkaden, Balkonen, schmiedeeisernen Toren und Innenhöfen» (Unesco). Seit Havanna zum Welterbe erklärt wurde, sanieren Bautrupps in der Altstadt Haus für Haus, zum Teil ganze Straßenzüge.

<

nur noch entfernt an vergangene Herrlichkeiten erinnert. Schmuckstück ist vor allem das historische Zentrum, das mithilfe der Unesco liebevoll restauriert wird. Dabei entsteht eine Art Freilichtmuseum, in dem es viel Schönes zu entdecken gibt, das aber manchmal abends wie ausgestorben wirkt. In den Seitengassen dagegen nimmt der morbide Charme Havannas, von dem so häufig die Rede ist, zum Teil durchaus lebensgefährliche Züge an: einstürzende Altbauten, abblätternder Putz, abbröckelnde Stützmauern und Fassadenteile, bedrohlich schief hängende Balkone, fehlende Decken ...

„Traurige Tropen“? Mag sein, dass dem einen oder anderen in diesem Zusammenhang dieser Buchtitel des französischen Ethnologen Claude Lévi-Strauss in den Sinn kommt. Aber wenn es wahr ist, dass man zwei Wochen braucht, um Kuba zu erkunden, Monate, um es kennenzulernen, und ein ganzes Leben, um es zu verstehen, dann sollte man das Urteil über Kuba doch denen überlassen, die hier leben: den Kubanern.

Und die sind sehr erfinderisch. Seit die Regierung 2011 mit der Meldung überraschte, dass mehr als 500 000 staatliche Stellen gestrichen, dafür aber zig private Berufe neu zugelassen werden, wagen viele Menschen den Sprung in die Selbstständigkeit: Straßenhändler, Taxifahrer, Kaffeebesitzer, Kosmetikerinnen, um nur einige der knapp 180 genehmigten beziehungsweise nun legalisierten Möglichkeiten zu nennen. *Trabajo por cuenta propia*, die Arbeit auf eigene Rechnung, eröffnet zumindest kleine wirtschaftliche Freiräume.

Dass Havanna von den verheerenden Wirbelstürmen, die Kuba in den letzten Jahren verwüstet haben, weitgehend verschont blieb, gleicht einem Wunder. Kein Wunder aber ist die stoische Gelassenheit, mit der die Habaneros sich einzurichten wissen im drohenden Verfall. So gilt für die Stadt im Einzelnen, was für das Land als Ganzes gilt: Kubas Charme ist immer und zuerst auch der Charme der Kubaner. |

ÜBERLEBENSKÜNSTLER

Roberto Gonzales hat eine der wenigen staatlichen Genehmigungen bekommen, als Straßenkünstler mit seinen beiden Dackeln Pillo und Chocolate im restaurierten Teil Havannas aufzutreten. Er spricht fast in jeder Sprache ein paar Worte, genug jedenfalls, um die vorbeigehenden Touristen zum Stehenbleiben zu animieren. Allerdings hat in seiner Show nicht jeder etwas zu lachen: Wenn ein Amerikaner aufkreuzt und die Wörter «United States» fallen, fletschen die Hunde sofort die Zähne …

FAMILIENBANDE

Nachbarschaftshilfe wird in Havanna großgeschrieben: Man tauscht sich aus, unterstützt sich, wo man nur kann. Mercedes (zweite von rechts) kam mit fünf Jahren aus Cienfuegos in die kubanische Hauptstadt. Hier sehen wir sie mit ihrer Cousine Regla (die Dame mit den Lockenwicklern), ihrer Nachbarin Dunika und deren Sohn Andreas. Mercedes' Tochter lebt schon seit 14 Jahren in Miami, und ihr sehnlichster Wunsch ist es, dass die Familie wieder vereint wäre, um «das Leben zu genießen wie früher».

^

COUSINEN

Jessica (rechts neben ihrer Cousine Yanesica) lebt mit ihrer Mutter in zwei Zimmern in der Altstadt an dem Ort, wo vor ein paar Jahren ihr Haus einstürzte. Jessicas Mutter verdient sich ein bisschen Geld, indem sie Touristinnen Zöpfe flicht, und träumt von einem eigenen kleinen Café. Auf die Frage, wie sie über die Runden komme, antwortet sie: «Darin sind wir Kubaner doch Spezialisten: das Leben neu zu erfinden. Jeden Tag und für die Kinder alles, stimmt's?»

»

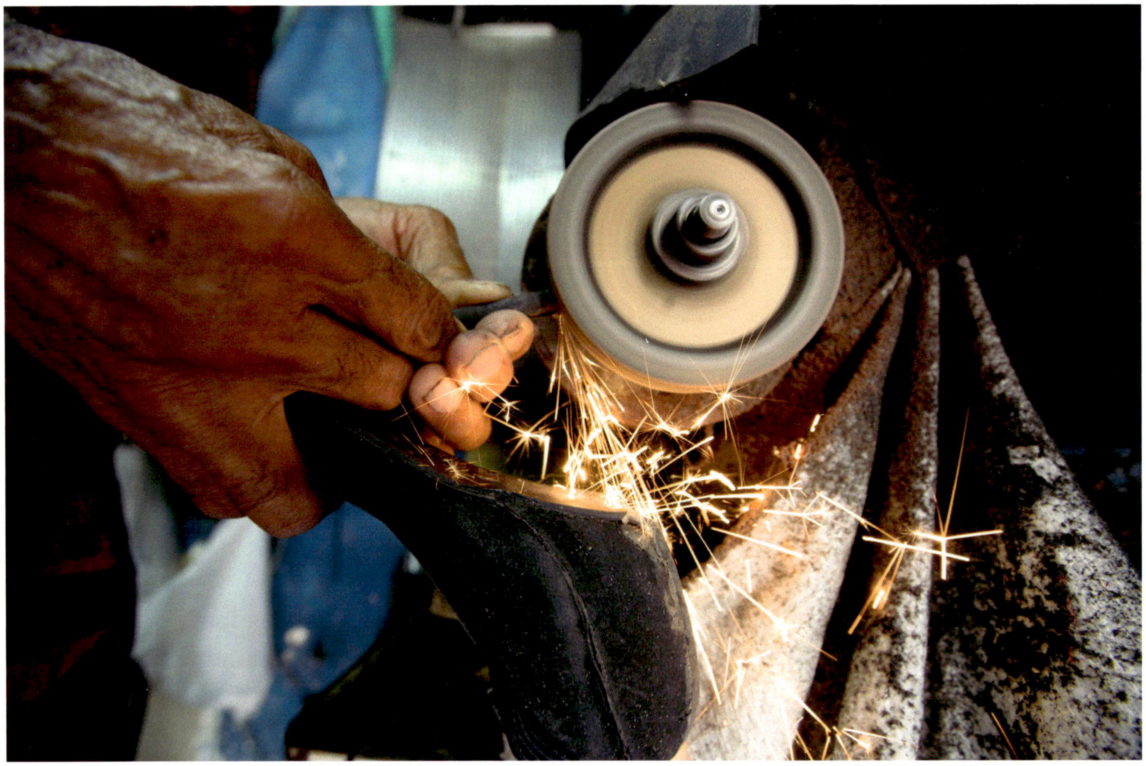

HANDWERKSKUNST

Auch viele ältere Menschen wagen den Sprung in die Selbstständigkeit, wie Dioniso. Er ist schon lange pensioniert, aber da die staatliche Rente von umgerechnet etwa 15 Euro im Monat höchstens für die ersten zehn Tage reicht, arbeitet er nun wieder täglich als Schuster und repariert die vielen chinesischen Schuhe, die auf Kuba getragen werden.

LEBEN UND ÜBERLEBEN

In diesem verlassenen Haus mitten in der Altstadt von Havanna, das jederzeit einstürzen könnte, tüftelt Carlos. Er hat beim Militär eine Ausbildung zum Schlosser gemacht und arbeitet nun auf eigene Rechnung. Gleichzeitig hält er sich zahlreiche Tiere, die er verkaufen kann.

DIE ZEICHEN DER ZEIT

Vor allem für jüngere Kubaner ist das Leben schwierig. Sie sind oft bestens ausgebildet, finden aber kaum einen gut bezahlten Job. Und wer möchte schon für ein Monatsgehalt arbeiten, für das man sich nicht einmal ein paar modische Hosen kaufen kann? Die Fahne der Revolution aber wird immer noch hochgehalten, jedenfalls offiziell: Kubaner unterscheiden durchaus zwischen ihrer „öffentlichen" und ihrer privaten Meinung. Und sie lernen früh, was sie in der Öffentlichkeit sagen dürfen – und zu wem.

⌄

ORT DER BEGEGNUNG

Abenddämmerung am Malecón. Die sich über mehrere Kilometer erstreckende Uferpromenade ist seit je ein beliebter Treffpunkt der Bewohner Havannas.

»

VITA ACTIVA

Vom tätigen Leben: Die Arbeit auf den *vegas* genannten Tabakfeldern ist hart, aber Mensch und Natur leben in Kubas Westen in einer nur noch selten anzutreffenden Harmonie. Trotz der bescheidenen Verhältnisse wirken die meisten recht zufrieden, und mitunter scheint es fast so, als wäre die Zeit hier stehen geblieben.

›

PINAR DEL RÍO

IM REICH DER TABAKBAUERN

Von Ost nach West erstreckt sich das an der Öffnung des Golfs von Mexiko gelegene Kuba über eine Länge von 1250 Kilometern. An ihrer breitesten Stelle misst die Insel 193, an ihrer schmalsten 31 Kilometer. Diese ungewöhnliche Form inspirierte den in Camagüey geborenen Dichter Nicolás Guillén zum Vergleich mit einem «grünen Kaiman» (*caimán verde*): «Auf dem Meere der Antillen / ... schwimmt, mit wilder Träne singend, / Kuba hin auf seiner Karte: / Kaiman, lang und grün, / Augen ganz aus Stein und Wasser.»

Damit bezog er sich aber nur auf die Hauptinsel. Der kubanische Archipel mit mehr als 4100 weiteren Inseln gehört zu den Großen Antillen und grenzt im Süden an das Karibische Meer, im Nordosten an den Atlantischen Ozean und im Nordwesten an den Golf von Mexiko. Kubas westlichste Provinz heißt Pinar del Río. Der Name leitet sich ab von den vielen Pinien *(pinos)* der Region, die allerdings vielerorts den Tabakfeldern weichen mussten, deren Erde nun die smaragdgrüne Natur mit rostbraunen Farbftupfern schmückt. Sie gilt als „Wiege des Tabaks": hier wachsen die besten Tabakpflanzen der Welt.

Was man damit macht – nicht rauchen (inhalieren), sondern genießen (paffen) – wussten schon die Indios. Der spanische Dominikanermönch Bartolomé de las Casas, der 1511 im Gefolge des Eroberers Diego Velázquez ins Land kam, berichtet: «Diese Männer trugen Fackeln, deren Rauch sie wie Weihrauch einsogen. Einige trockene Kräuter wurden in ein trockenes Blatt eingeschlagen und zu etwas gerollt, was sehr jenen kleinen Musketen gleicht, welche unsere Knaben am Osterfest aus Papier machen, um sie dann an einem Ende zu entzünden. Vom anderen Ende sogen oder zogen oder nahmen sie mit jedem Atemzug eine Art Rauch, von dem man sagt, er schläfere das Fleisch ein und mache einen beinahe trunken, aber so, dass man nie müde wird. Diese Patronen oder was auch immer nennen die Indianer tobaccos.»

› S. 60

ARCHAISCH

Der Bauer pflügt sein Feld: vor sich ein traditionelles Ochsengespann, hinter sich die urzeitlichen *mogotes* im Valle de Viñales. Dass das Leben im Westen der Insel nicht nur beschaulich wirkt, sondern tatsächlich langsamer vonstatten geht, verdankt die Region dem Tabakanbau, der den Menschen sein eigenes Tempo vorgibt. In den Sommermonaten bestellen die Bauern ihre Felder im Fruchtwechsel mit Tomaten, Mais, Süßkartoffeln, schwarzen Bohnen und anderen Nutzpflanzen.

‹‹

VOM SCHATTEN ANS LICHT

Tabakpflanzen sind wie Tomaten und Kartoffeln Nachtschattengewächse. Der Gattungsname *Nicotiana* geht zurück auf den französischen Gesandten Jean Nicot, der den Tabak im Jahr 1560 als Heilpflanze in Frankreich einführte. Nach ihm wurde auch das Alkaloid Nikotin benannt – der Hauptwirkstoff der Tabakpflanze. Die für die Zigarrenherstellung wichtigste Art, *Nicotiana tabacum*, hat rosa Blüten. Jede Pflanze produziert zwischen fünf und 20 Gramm Saatgut – 0,1 Gramm enthalten 1000 Samenkörner.

^

LUFTGETROCKNET

Nach der in mehreren Schritten von unten nach oben erfolgenden Ernte werden die Blätter, je nachdem, für welchen Teil der Zigarre sie vorgesehen sind, sortiert und in Trockenhäusern, den *casas del tabaco*, getrocknet. Dazu durchbohrt man die Blätter mit einer langen Nadel am oberen Ende der Mittelrippe, bindet sie mit einem Baumwollfaden paarweise auf und hängt sie an lange Stangen. Beim Trocknen verlieren die Blätter ihre grüne Farbe und nehmen unterschiedliche Brauntöne an.

KINDERSPIELE

Dass es auf Kuba nicht nur einen Vater- und einen Muttertag gibt, sondern auch einen „Tag des Kindes" *(Día del Niño)*, der am dritten Sonntag im Juli gefeiert wird, sagt schon einiges über das Verhältnis der Kubaner zu ihrem Nachwuchs aus. Im Westen der Insel wachsen die Kinder noch ohne großformativ plakatierte Werbeflächen jenseits der Parteipropaganda auf, ohne Facebook, Fernsehen und sonstige Ablenkungen vom Kindsein, an die wir uns anderenorts gewöhnt haben.

›

Heute klingt der Ruf der kubanischen Zigarren wie ein Donnerhall für jeden, der „einen guten Rauch" zu schätzen weiß. Für den kubanischen Universalgelehrten Fernando Ortiz verkörpern Tabak und Zucker sogar «die wichtigsten Personen in der Geschichte Kubas». Anders als der von den Spaniern eingeführte Zucker ist der Tabak eine kubanische Pflanze. Schon Kolumbus wurden einige trockene Blätter als Gastgeschenk überreicht, die, wie er geflissentlich notierte, «etwas sehr Kostbares für sie bedeuten müssen».

Doch bevor es mit dem Rauch so weit ist, muss der Tabak nach dem Ende der Regenzeit ausgesät und zwischen Januar und März geerntet werden. Er braucht individuelle Pflege, um zu jener Qualität heranzuwachsen, die kubanische Zigarren auszeichnet. Viele Tabakfelder sind bis heute in Privatbesitz. Grundsätzlich unterscheidet man zwei Tabaksorten: den *corojo*, der für die dünnen Deckblätter verwendet wird, und den *criollo*, den man für die Einlageblätter braucht. Sobald die Setzlinge eine Höhe von 1,50 Meter erreicht haben, wird die Knospe in der Mitte entfernt, damit sich die Blätter besser entwickeln können. Die untersten Blätter werden zuerst abgeschnitten, dann die darüberliegenden je nach Reifegrad geerntet, bis zuletzt die *corona*, das oberste Blatt, entfernt wird. Alle Blätter hängt man paarweise an Stäben in Trockenschuppen auf, den *casas del tabaco*. In der Trockenphase verlieren die Blätter rund 85 Prozent des Wassergehalts und nehmen eine rotgoldene Färbung an. Erst danach gelangen sie in die staatlichen Tabakfabriken, wo sie von geschickten Zigarrendrehern endgültig veredelt werden. Ein geübter Zigarrendreher schafft pro Tag mehr als 100 Stück. Nach dem Zurechtschneiden lagern die Zigarren in einem kühlen Raum, bevor sie für den Versand in Kisten verpackt werden.

Wer sich von Havanna auf den Weg in das Reich der Tabakbauern aufmacht, begibt sich auf eine abenteuerlich anmutende Reise. Auf der Auto-

› S. 67

COAST
RIDERS

GAUCHOS

Die Sierra del Rosario, eine knapp zwei Autostunden von Havanna entfernte Bergkette im Westen der Insel, ist eine von sechs Regionen, die von der Unesco als Biosphärenreservat geschützt werden. Das beste Fortbewegungsmittel hier in den Bergen ist noch immer das Pferd.

<

SPEZIALISTEN

Um die besten Zigarren der Welt zu fertigen, bedarf es Leidenschaft und Know-how. Das beginnt auf dem Feld, setzt sich fort in den Trockenschuppen und wird in den Tabakmanufakturen zur vollendeten Perfektion geführt. Zuvor muss der getrocknete Tabak noch fermentiert werden: Beim Stapeln der Blätter entstehen Hitze und Druck, die den Säure- und Teeranteil reduzieren.

MULTITALENT

Rund 70 Palmenarten gibt es auf Kuba. Eine davon ist die Königspalme mit ihren glatten, bis zu 40 Meter hohen Stämmen. Ihr Holz wird gern für den Bau von *bohíos*, den traditionellen Hütten der einfachen Bauern, genutzt. Auch die Dächer kleinerer Trockenschuppen wie hier in Pinar del Río werden häufig mit Palmwedeln gedeckt. In ihrem Inneren muss die Luft frei um die Blätter zirkulieren können.

ALLES VON HAND

Die Zigarre als ständiger Begleiter – dieser Eindruck entsteht, wenn man auf der Insel unterwegs ist. Ob in den Städten oder auf dem Land, ob Mann oder Frau: Eine gute Zigarre gehört auf Kuba einfach dazu. Ihren Genuss wissen diejenigen am meisten zu schätzen, die sich dabei vergegenwärtigen, dass für die Fertigung einer Zigarre mehrere 100 Arbeitsschritte nötig sind – alles von Hand.

‹

«DEN TABAK KANNST DU NICHT EINFACH PFLANZEN, DEN MUSST DU HEIRATEN.»

KUBANISCHES SPRICHWORT

bahn sind Kutschen und Fahrräder unterwegs, und am Straßenrand bremsen Bauern die Autofahrer aus, um Knoblauch und Zwiebeln zu verkaufen. Auch Emanuell ist hier unterwegs, der stolz sein Motorrad päsentiert. Er hat alles selbst von Hand zusammengebaut. Das Erstaunlichste daran ist der „Motor" – eigentlich eine Wasserpumpe, die er als Farmer günstig beim Staat erwerben konnte.

Auch dieses Beispiel zeigt: Kreativität kennt in diesem Land keine Grenzen, Improvisation ist der Alltag, und irgendwie wird man sich schon durchwursteln können. Es gibt sogar einen Begriff, mit dem die bemerkenswert hoch entwickelte, oftmals verblüffende Fähigkeit der Kubaner zur „pfiffigen Problemlösung" umschrieben wird: *resolviendo*.

Dass das ländliche Leben auf Kuba mit vielen Entbehrungen verbunden ist, ist kaum zu übersehen. Die Arbeit ist schwer – und sie scheint niemals aufzuhören. Die Tage sind lang, die Nächte oft kurz, weil die Bauern meist früh wieder hinaus auf die Felder gehen. Trotzdem sind viele der Menschen, die hier leben, bis ins hohe Alter hinein erstaunlich gesund und aktiv. Rafael zum Beispiel ist ein 85 Jahre alter Tabakbauer, der noch immer mit seinem Ochsengespann seine Felder bearbeitet. Abends, wenn er auf dem Stuhl vor seinem Haus sitzt und gemütlich eine Zigarre raucht, wirkt er sehr zufrieden. Oder Luisa, die ihr Mittagessen immer noch überwiegend an einer Holzfeuerstelle kocht. 2008 war ein schicksalhaftes Jahr für Luisa. Im August verwüstete „Gustavo", der stärkste Hurrikan der letzten 50 Jahre, die Region. Luisas Haus wurde komplett mitgerissen. Zwar gab es keine Verletzten, aber nun stand man plötzlich vor dem Nichts. Mühsam bauten Luisa und ihre Familie eine provisorische Hütte. Zum Glück hatte wenigstens die Pumpe den Hurrikan überstanden, mit der sie das Wasser einer weit entfernt liegenden Höhle nutzen konnten. Sie gaben die Hoffnung auf Hilfe der Regierung nicht auf. Drei

› S. 72

VERSUCHUNG

Während die heutigen Tabakgegner vor allem mit dem Gesundheitsrisiko argumentieren, versuchten die Kritiker im 16. und 17. Jahrhundert, die ihnen noch fremde Wirkung des Tabakrauchs als «gefährliche Versuchung des Teufels» zu diskreditieren.

^

UNTERWEGS …

Statt mit Autos fahren die Landbewohner noch vielfach mit Ochsenkarren und Kutschen.

⌄

… IN EINER ZAUBERHAFT „UNVOLLENDETEN“ NATUR

Wie schlafende Elefanten ruhen die *mogotes* genannten Karstkegel im Tal von Viñales. In Millionen von Jahren entstanden, arbeiten Wind und Erosion bis heute beständig an ihrer sich wandelnden Gestalt.

»

PURE FREUDE

Mensch und Tier im Gleichklang – auch das bedeutet ländliches Leben auf Kuba.

›

«EHER FRÜHER ALS SPÄTER WIRD DIE WIRKLICHKEIT DER FANTASIE RECHT GEBEN MÜSSEN.»

GABRIEL GARCÍA MÁRQUEZ, KOLUMBIANISCHER SCHRIFTSTELLER

Jahre später ging Luisas großer Traum nun in Erfüllung. Sie bekam ein neues Haus vom Staat, der, davon ist sie jetzt erst recht überzeugt, Menschen in Not nicht im Stich lässt. Trotz all der Probleme, die im Land herrschen. Es kann nur manchmal ein bisschen länger dauern.

Mit dem Valle de Viñales hat Kubas westlichste Provinz einen der landschaftlichen Höhepunkte der Insel aufzuweisen. Charakteristisch für diese von der Unesco als Welterbe geschützte Kulturlandschaft sind die bizarr geformten *mogotes:* schroffe Karstfelsen, die sich wie gigantische Findlinge aus der üppig grün wachsenden Natur erheben. Die von den Einheimischen „Elefantenrücken" genannten Kalksteinhügel entstanden schon vor Urzeiten als Teil eines weitläufigen Höhlensystems. Als dieses einstürzte, blieben die gigantischen, bis zu 400 Meter hohen *mogotes* zurück.

„Viñales" ist auch der Name eines kleinen, mitten im Tal gelegenen Städtchens, das mit seiner zentralen Plaza, den einstöckigen Häuschen mit Schindeldächern und einer die Hauptstraße bildenden Pinienallee idyllisch wirkt. Der Name des Ortes geht zurück auf einen kanarischen Einwanderer, der hier im 19. Jahrhundert einen kleinen Weinberg (*viña*) anlegen wollte.

Besser als jeder Wein wächst aber auf den fruchtbaren Feldern der Region der Tabak – bis heute das wichtigste Exportgut der Insel. Mit den Zigarren erwirtschaftet das Land immerhin knapp 200 Millionen US-Dollar im Jahr. Die Qualität der kubanischen Zigarren hat zwar ihren Preis, aber der Genuss einer echten Cohiba, Montechristo oder Romeo y Julietta ist eben gar nicht mit den in illegalen Hinterzimmermanufakturen gefertigten Fälschungen zu vergleichen. Zwar können Laien diese minderwertige Ware äußerlich vom Original kaum unterscheiden. Aber zu denken geben sollte ihnen schon allein der spanische Name dafür: *chinchales* nennen die Kubaner gefälschte Zigarren. Von *chinche*, dem spanischen Wort für Wanze. |

GEPRÜFT ...

Den Tabak muss man lieben, man muss ihn fühlen und spüren, welche Pflege er braucht: Don Alejandro Robaina, hier in einem der Trockenhäuschen auf seiner Vega Cuchilla de Barbacoa, war eine Legende. Als „Meister des Deckblatts" wurde er gerühmt – eine ehrende Anerkennung für die Qualität der Deckblätter seiner Spitzenmarke „Vegas Robaina".

... UND FÜR GUT BEFUNDEN

Stolze 91 Jahre war Alejandro Robaina alt, als er im Jahr 2010 starb. Noch im hohen Alter rauchte er acht Zigarren am Tag – nur die eigene Marke, versteht sich. Der Legende nach sollen er und sein Bruder Jesus persönlich Fidel Castro davon abgehalten haben, die Farmen der kubanischen Tabakbauern zu verstaatlichen. Sie waren davon überzeugt, dass Tabakproduktion nur als Familienbetrieb erfolgreich sein kann. Ihrer wird heute vom Enkel Hiroshi weitergeführt.

IN DER MANUFAKTUR

Spitzenprodukt der staatlichen Zigarrenmanufaktur Habanos sind die berühmten Cohibas, die von der Regierung auch an Staatsoberhäupter und Diplomaten verschenkt werden. Ein bereits in der zweiten Hälfte des 19. Jahrhunderts erkämpftes Privileg der damals noch weitgehend des Lesens unkundigen Beschäftigten sind die *lecturas* (Vorlesungen): Mit dem Sieg der Kubanischen Revolution bekamen die etwa zu gleichen Teilen männlichen wie weiblichen Zigarrendreher morgens zunächst die Parteizeitung *Granma* zu hören, nach der Essenspause war dann Unterhaltung im Angebot: Abenteuer- und Liebesromane.

‹

GUT GEROLLT

In der Tabakmanufaktur wird zuerst durch den *torcedor*, den Zigarrendreher, eine sorgfältige Auswahl zusammengestellt, die man in ein Umblatt einrollt, um einen „Wickel“ zu bilden. Dieser erhält dann in einer Presse die richtige Konsistenz. Anschließend wickelt man die gepresste Zigarre in das Deckblatt *(capa)* und schneidet sie mit der Guillotine zurecht. Nun werden die Zigarren vom Farbsortierer, dem *escogedor*, nach verschiedensten Schattierungen zwischen hellgrün und fast schwarz sortiert.

VEREDELT

Eine Cohiba – schon in der Sprache der Taíno das Wort für Tabak – gilt als die Quintessenz all dessen, was sich in den letzten 500 Jahren auf dem Gebiet der Tabakveredelung getan hat. Eine Kunst für sich sind in der Regel die Bauchbinden, die über die Zigarren gestreift werden, und die Zedernholzkästchen, in die die *cigarros* verpackt werden.

JUANA UND BENANCIO

DAS ALTE PAAR UND DAS MEER

«Einen Menschen lieben, heißt einzuwilligen, mit ihm alt zu werden.» Diese Worte des französischen Schriftstellers und Philosophen Albert Camus beschreiben genau das Glück von Juana und Benancio, auf die Tobias Hauser bei einem Besuch in Kubas Westen traf. Juana war 92 Jahre alt, als der Fotograf die beiden kennenlernte, ihr Mann Benancio ein Jahr älter. Damals waren die beiden mit einem einfachen Ochsengespann auf der Landstraße unterwegs, und Tobias fiel zuerst die etwas verwegen wirkende Konstruktion auf, mit der sie Juanas Rollstuhl festgezurrt hatten, damit er nicht vom Wagen rollen konnte.

Im Haus ist sie auf den Rollstuhl nicht angewiesen, sie kann durchaus noch selbst gehen, nur das Alter und die üblichen damit einhergehenden Gebrechen haben ihre Beine müde gemacht. Gebrechlich ist Juana deswegen aber noch lange nicht, und geistig, berichtet Tobias, ist sie ohnehin topfit.

Juana und Benancio haben fast ihr ganzes gemeinsames Leben hier auf dem Land in einem einfachen Holzhaus gewohnt, ohne fließendes Wasser und Strom, weitab vom nächsten Dorf. Erst seit Kurzem leben die beiden bei einem ihrer Söhne in der Nähe von Viñales, nachdem das Leben für sie im eigenen Haus schließlich doch zu beschwerlich wurde.

Verheiratet ist das Paar schon seit beinahe 70 Jahren, seit Februar 1945. Und wer nun wissen will, ob sich die beiden noch immer lieben, der braucht doch nur dabei zuzusehen, wie Benancio seinen Arm um seine Frau legt, ehe er sie auf die Wange küsst, und wie Juana mit einem Lächeln die Augen schließt.

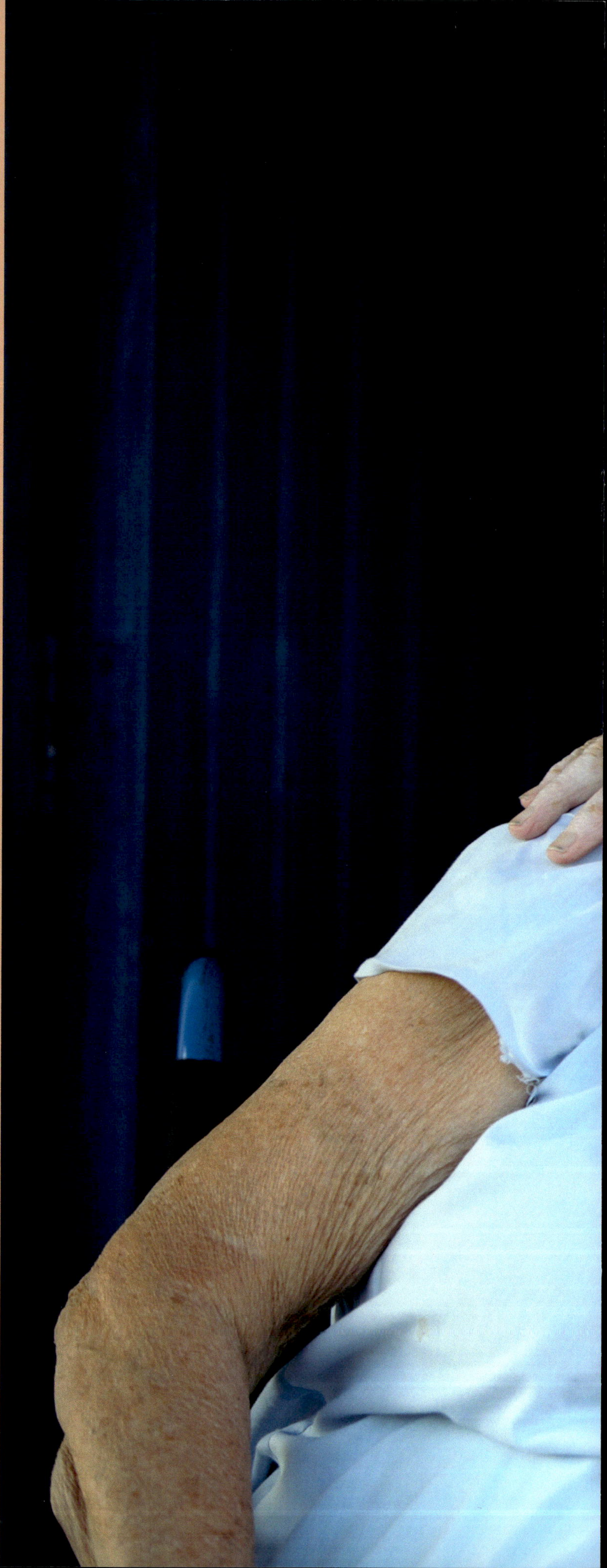

1

2

3

Seiten 80/81_«Habt ihr euch immer geliebt?» – «Ja, klar ... Heute mehr denn je, denn wir brauchen einander und müssen aufeinander aufpassen.»
1_ Im Jahr 2012 begegnete Tobias Hauser Juana und Benancio zufällig unterwegs auf einer Landstraße.
2_ Eine einfache Holzhütte war rund 70 Jahre lang das schlichte Zuhause der beiden. 3_ Stolz präsentieren die beiden das einzige Familienfoto, das sie besitzen.
4_ Benancio und Benito, die „zweiten Zwillinge" des glücklichen Paares, sind heute bereits Mitte sechzig.

Im Januar 1946 bekamen die beiden ihre ersten Zwillinge, ein Mädchen und einen Jungen. Auf den Monat genau ein Jahr darauf, im Januar 1947, kam ein zweites Zwillingspaar zur Welt, diesmal waren es zwei Jungen.

Dass das ländliche Leben auf Kuba seinen eigenen Regeln folgt, hat Tobias Hauser auf seinen vielen Reisen ins Land immer wieder erfahren. Und dass es mit vielen Entbehrungen verbunden ist, kann selbst der romantischste Romantiker nicht übersehen. Aber was es bedeutet, bereits im zweiten Jahr seiner Ehe schon vier Kinder zu haben und diese als Mutter oft tagelang allein aufziehen zu müssen, während der Mann auf den großen Tabakfarmen sein Geld verdiente, das kann man sich kaum vorstellen.

Zwei Jahre nach der Geburt kamen ihre dritten Zwillinge zur Welt, zwei Jungen, und dann war Juana «gleich wieder schwanger», aber mit «nur einem» Mädchen. Jetzt gönnten sich die beiden eine Pause von drei Jahren, bis ihre vierten und letzten Zwillinge zur Welt kamen. Diesmal waren es zwei Mädchen. Mit anderen Worten: In sieben Jahren wurden Juana und Benancio Eltern

von neun Kindern, vier davon waren Zwillingsgeburten. Inzwischen gibt es auch schon eine ganze Reihe von Enkeln, Urenkeln und Ururenkeln.Bei einem seiner letzten Besuche zeigte Juana Tobias das einzige Foto, das sie hat, auf dem die ganze Großfamilie versammelt ist. Stolz merkte sie an, dass bis heute noch keiner von ihnen gestorben sei, dass alle gesund wären – «und das ist doch das Wichtigste».

Auf die Frage, was sie sich wünschen würde, wenn sie einen Wunsch frei hätte, antwortete Juana nach einer längeren Pause: «Ich wäre gern noch einmal so stark wie damals, als ich draußen mit unseren Ochsen auf dem Feld arbeitete und dabei immer auch auf meine Kinder aufpasste.»

Ob sie schon mal am Meer gewesen seien, wollte Tobias noch von ihnen wissen. Am Meer? Nein. Reizen würde es die beiden ja schon, meinten sie, aber es hat sich einfach noch nicht ergeben …

Erstaunlich, denkt Tobias: Zum Meer sind es von hier aus doch nur noch 50 Kilometer. Höchstens. Andererseits: Vielleicht ist es ja auch ganz gut, wenn man noch Träume hat.

ZENTRAL-KUBA

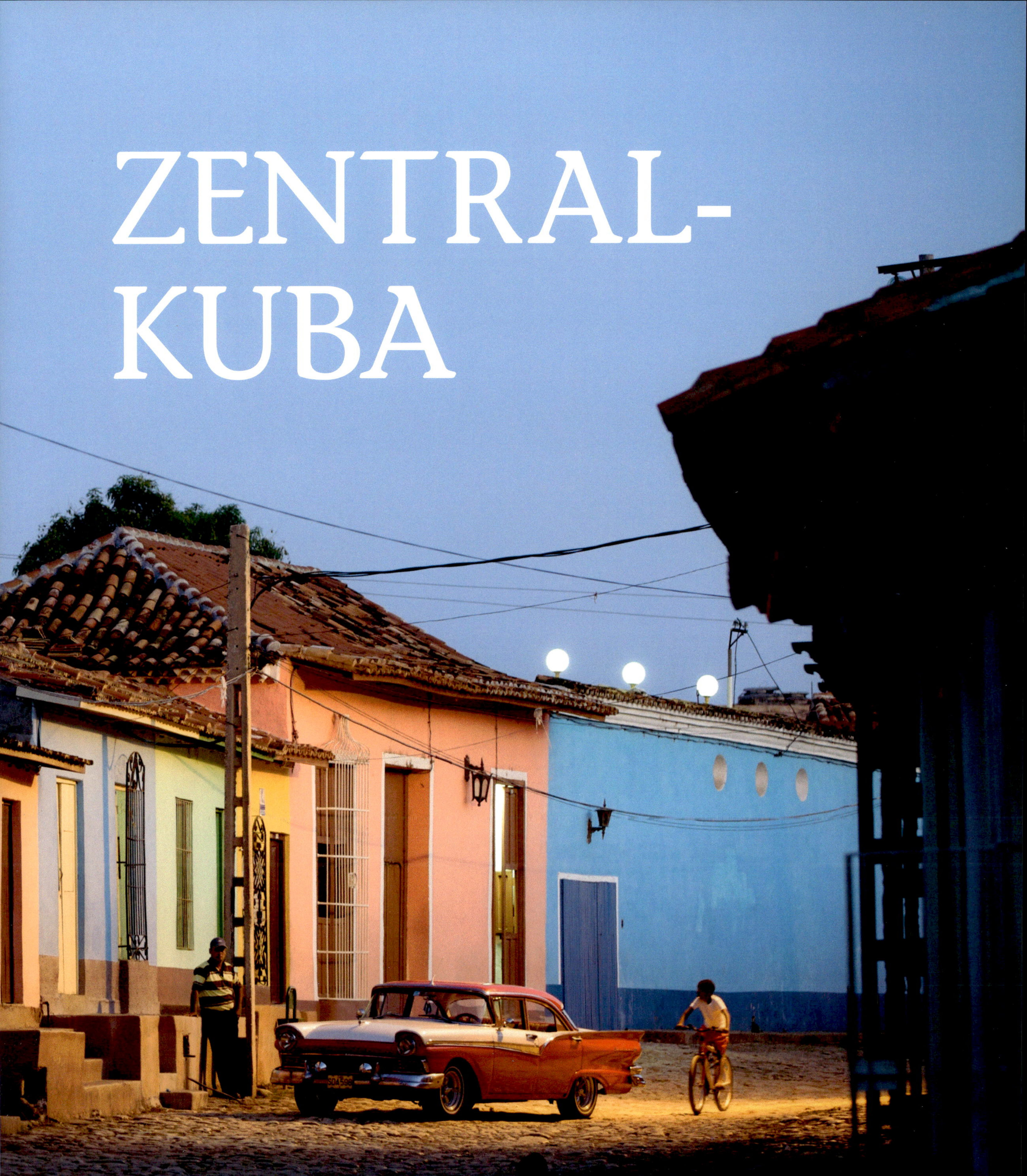

VALLE DE LOS INGENIOS UND TRINIDAD

AUF DER SUCHE NACH DEM „WEISSEN GOLD“

ZENTRALKUBA

Gleich drei von der Unesco zum Welterbe ernannte Städte warten im Zentrum der Insel auf Besucher: Trinidad, Cienfuegos und Camagüey. Mit Trinidad wurde das nahe Valle de los Ingenios zum Weltkulturerbe erklärt, das Tal der Zuckermühlen. Das zeugt von der Bedeutung des „weißen Goldes“, dessen Export Kuba ab der Mitte des 18. Jahrhunderts zur reichsten Kolonie der Welt machte. Bis heute prägen Zuckerrohrfelder das ländliche Zentrum der Insel, auch wenn Fidel Castro 2005 das Ende der jahrhundertealten Zuckerära verkündete. Ein Jahr später wurden die ehemaligen Felder wegen steigender Weltmarktpreise bereits rekultiviert. Seitdem gewinnt das süße Erbe Kubas wieder zunehmend an Bedeutung.

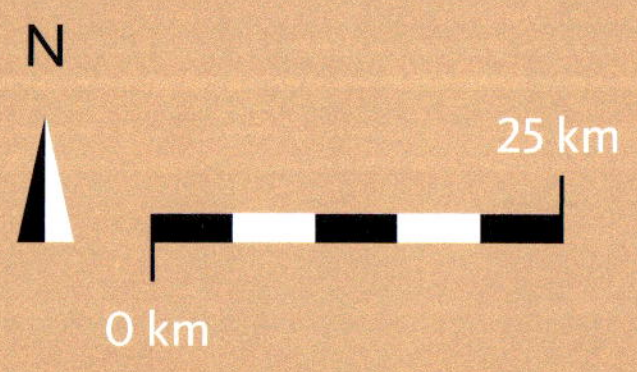

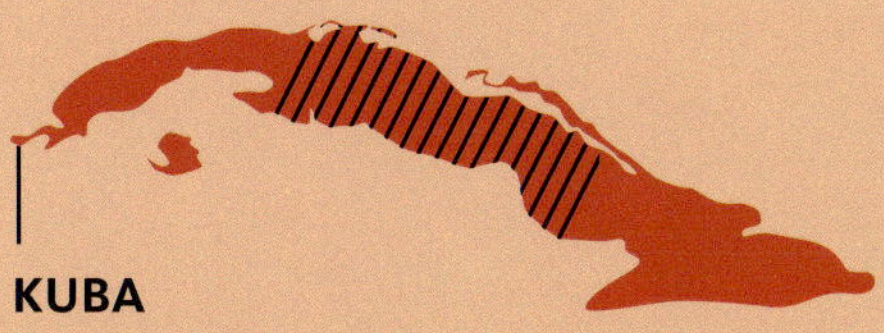

Im 19. Jahrhundert stieg Kuba zum Weltmarktführer in der Zuckerproduktion auf. Dafür brauchte man ein weit verzweigtes Eisenbahnnetz. Auf den Schienen wurde das frisch geerntete Zuckerrohr zunächst in die Zuckermühlen und anschließend zu den Häfen transportiert.

Casas particulares werden private Wohnhäuser genannt, deren Besitzer Zimmer an Touristen vermieten. Diese gibt es auf ganz Kuba, vor allem aber in den touristischen Zentren. In den letzten Jahren sind die *casas* für viele Familien zu einer der wichtigsten Einnahmequellen geworden.

Seiten 84/85_Trinidad. Etwas mehr als 53 000 Einwohner leben in der an der zentralen Südküste gelegenen Stadt mit ihren hübschen einstöckigen, mit Lehmziegeln gedeckten Häusern.

CIENFUEGOS UND CAMAGÜEY

DIE FARBEN DER PROVINZSTÄDTE

DIE LETZTEN HELDEN DER ARBEIT

Machetero nennt man die Zuckerrohrschneider, die noch von Hand mit der Machete (daher der Name) zu Werke gehen.

›

VALLE DE LOS INGENIOS UND TRINIDAD

AUF DER SUCHE NACH DEM „WEISSEN GOLD“

Einsam steht und wacht: der im Jahr 1816 errichtete Torre de Manaca-Iznaga auf der gleichnamigen Hazienda mitten im nordöstlich von Trinidad gelegenen Valle de los Ingenios, dem Tal der Zuckermühlen. Einsam? Die Hazienda ist heute eine viel besuchte Touristenattraktion, und wer sich dort umsieht, ist selten allein. So manches Gesicht könnte man schon am Strand von Varadero gesehen haben, denn wer nicht gleich direkt von Havanna über die Autobahn ins Zentrum der Insel fährt, der macht in der Regel zunächst einen Abstecher an der Nordküste entlang, fährt über Matanzas ins tropische Postkartenparadies, genießt in Varadero die Sonne und den Sand, das Meer und vielleicht auch noch einen kühlen Mojito, Hemingways favorisierten Longdrink.

Der führt dem Genießer aufs Schönste vor Augen, was man aus Zucker plus Limettensaft, Minze, Sodawasser und Rum Erfrischendes mixen kann. Und der Zucker war es ja schließlich auch, der den Besucher hierher lockte, ins Valle de los Ingenios, zu jenem siebenstöckigen, in hohen Arkaden zu allen Seiten geöffneten Turm. Wer die Aussicht in knapp 45 Meter Höhe genießen will, muss dessen 136 teils wacklige Stufen erklimmen. Dort oben reicht der Blick weit über das grüngelbbraun gesprenkelte Land bis hin zu den sich am Horizont erhebenden Bergen der Sierra del Escambray, Kubas zweithöchstem Gebirgszug. Die Gedanken sind frei, und hier oben auf dem alten Wachturm der Hazienda können sie vielleicht sogar fliegen – zurück in jene Zeit, als der Zucker die wahre Kolonialherrschaft über das Land zu übernehmen begann.

Eingeführt wurde die ursprünglich aus dem ostasiatischen Raum stammende Zuckerrohrpflanze von den spanischen Eroberern. Angebaut wird die in der Regel rund 20 Jahre lang nachwachsende Pflanze, der auf Kuba viele einst intakte Wälder weichen mussten, in Monokultur. Das führt zu dem kuriosen Ergebnis, dass in einem „eigentlich“ fruchtbaren Land nicht genügend

› S. 94

ABGEFACKELT

Brandrodungen erleichtern das Abernten der Felder, sind aber schlecht für die Klimabilanz. Dabei verbrennen nur die Blätter der Zuckerrohrpflanze *Saccharum officinarum*, einem bis zu vier Meter hoch wachsenden, schilfartigen Gras. Die Stängel mit den bambusartigen Verknotungen, die den Zucker enthalten, bleiben stehen.

ABGEKÄMPFT

Schnell muss es gehen, wenn die *zafra* ansteht, die Zuckerrohrernte. Haupterntezeit sind die Monate Dezember bis Juni. Sobald die Pflanze geschnitten wurde, tritt Süßstoff aus. Bleibt das Rohr ein paar Tage liegen, lohnt es sich kaum mehr, es in der Zuckermühle zu verarbeiten. Die Tagelöhner arbeiten im Akkord und leben in den Siedlungen ehemaliger Sklaven – das Gehalt reicht kaum zum Überleben.

^

IM ZUCKERTAL

Palmen und Zuckerrohrfelder prägen das rund 250 Quadratkilometer große Valle de los Ingenios. Von den einst über 50 *ingenios* (Zuckermühlen) des fruchtbaren Tals ist kaum noch etwas zu sehen. Damals wie heute erhebt sich am Horizont die grüne Bergwelt der sanft gewellten Sierra del Escambray. Dass Zuckerrohr auf Kuba besonders gut gedeiht, liegt unter anderem am subtropischen Seeklima.

»

AUF SCHMALER SPUR

Mit dem Zug durch das Tal der Zuckermühlen zu fahren, das bedeutet Nostalgie mit viel Dampf und schwarzem Rauch. Dampfmaschinen waren es auch, die die Industrialisierung der Zuckerwirtschaft einleiteten und damit dem Ende der Sklaverei den Boden bereiteten.

›

«ERST WENN DAS KUBANISCHE VOLK EINMAL AUFHÖRT, SKLAVE DES ZUCKERS ZU SEIN, WERDEN IHM SEINE MAHLZEITEN SÜSSER MUNDEN, UND SEIN LEBEN WIRD WÜRZIGER SEIN.»

FERNANDO ORTIZ, KUBANISCHER ANTHROPOLOGE

Nahrungsmittel für die eigene Bevölkerung gedeihen. Stattdessen ist Kuba bis heute stark von Lebensmittelimporten abhängig.

Die erste Zuckerplantage der Insel wurde bereits Anfang des 17. Jahrhunderts angelegt, 1850 waren es dann schon 14 000 Plantagen. Mit den Erträgen stieg das Land zum größten Zuckerproduzenten der Welt auf. Heute belegt es immer noch einen Platz unter den ersten zehn. Während in den 1980er-Jahren noch rund acht Millionen Tonnen Zucker auf der Insel produziert wurden, sanken die Erträge 2010 auf nur noch 1,1 Millionen Tonnen – das schlechteste Ergebnis seit 1905. Tatsächlich gab es auf Kuba sogar schon Zeiten, in denen der Zucker, den das Land für den Eigenverbrauch benötigte, roh ins Ausland verschifft, dort raffiniert und anschließend gegen Aufpreis wieder reimportiert wurde.

Auf den Zucker gründete sich das Elend der afrikanischen Zwangsarbeiter, die einst nach Kuba verschifft wurden, um in der sengenden Hitze auf den Feldern und in den Zuckermühlen zu schuften. Von einem Zuckerbaron wurde aber auch das Ende der Sklaverei eingeleitet: Carlos Manuel de Céspedes, ein liberal gesonnener, der Poesie wie der Juristerei zugetaner Großgrundbesitzer aus Bayamo im Südosten der Insel, forderte am 10. Oktober 1868 nicht nur die Abschaffung der Sklaverei, sondern ließ auch gleich seine eigenen Leibeigenen frei. Dieses Ereignis markiert den Beginn des ersten, zehn Jahre lang währenden Unabhängigkeitskrieges gegen die spanische Kolonialmacht. Offiziell abgeschafft wurde die Sklaverei auf Kuba dann aber erst am 7. Oktober 1886.

Die kubanischen Revolutionäre konnten mit diesem Gewerbe zunächst nur wenig anfangen: «An jeder Tonne Zucker, die in Kuba produziert wird, klebt das Blut der *macheteros*», verkündete Che Guevara. Sein Gefährte Fidel Castro ließ Worten Taten folgen – und die Zuckerrohrfelder der elter-

› S. 99

1432
1432
IZNAGA

STILLSTAND UND …

Aus den Schornsteinen vieler kubanischer Zuckermühlen steigt schon lange kein Rauch mehr auf. Die stählernen Walzen, die dem „weißen Gold" einst den süßen Saft abpressten, stehen still. Ende August 2002 hatte Kubas Zuckerminister nicht nur die Schließung von knapp der Hälfte der Mühlen verkündet, sondern auch die Freigabe von 60 Prozent der für Zuckerrohr reservierten Anbaufläche.

... VERFALL

Mit ein Grund für die Schließung vieler Zuckermühlen ist deren Überalterung. Anlagen wie hier die des US-amerikanischen Schokoladenfabrikanten Milton Hershey galten einst als Inbegriff kubanischer Zuckerproduktion. Auf acht Etagen arbeiteten 7500 bis 8000 Beschäftigte. Statt die Ruine zumindest als Industriedenkmal zu erhalten, wird sie nun Stück für Stück abgetragen, um das Eisen nach China zu verkaufen.

VERTRÄUMT

Die Dächer der Altstadt von Trinidad überragt der Glockenturm des ehemaligen Klosters San Francisco de Asís. Im Inneren der ursprünglich 1730 von Franziskanermönchen erbauten Klosterkirche findet man heute das Museo de la Lucha Contra Bandidos. Es dokumentiert den Kampf der kubanischen Miliz gegen Konterrevolutionäre, die nach 1959 in die Sierra del Escambray geflohen waren.

‹

«SEINER ISOLIERTEN LAGE HINTER DEN MALERISCHEN BERGEN DER SIERRA DEL ESCAMBRAY VERDANKT TRINIDAD SEIN BEDEUTENDES ENSEMBLE RESTAURIERTER KOLONIALARCHITEKTUR.»

ROBERT FISCHER

lichen Plantage abfackeln. Damit soll er sich auf Jahre hinaus den Groll seiner Mutter zugezogen haben – auch für Revolutionäre ein nicht zu unterschätzendes Wagnis.

Allerdings mussten auch diese bald einsehen, dass der Zucker eine der wichtigsten ökonomischen Säulen des Landes ist. Da schien die Verstaatlichung der Zuckerindustrie nur konsequent zu sein. Konsequent wäre es aber auch gewesen, nach dem Wegfall der UdSSR als wichtigstem Handelspartner in den 1990er-Jahren nach Alternativen zu suchen. Stattdessen ließ man den Dingen ihren Lauf, verzichtete auf notwendige Investitionen und verkündete 2002 eine Art Ausstieg auf Raten: Mehr als die Hälfte der damals noch 155 Zuckermühlen des Landes wurden geschlossen. Massenentlassungen waren die Folge, in einem Sektor, in dem zu Hochzeiten in den 1980er-Jahren 430 000 Menschen, jeder Zehnte der kubanischen Erwerbstätigen, gearbeitet hatte. Ein Jahr nach dem historischen Minusrekord bei der Zuckerrohrernte 2010 waren nur noch 46 Zuckermühlen in Betrieb. Zu diesem Zeitpunkt hatte man sich aber schon wieder eines Besseren besonnen: Im September 2011 wurde das Zuckerministerium aufgelöst und eine Holding namens „Azcuba“ gegründet. Dabei handelt es sich um einen Zusammenschluss aus 13 kubanischen, in die Zuckerproduktion involvierten Kombinaten. 65 Prozent der Einkünfte behält die Holding, die über deren Verwendung etwa für den Kauf neuer Erntemaschinen auch ohne Absprache mit der Regierung entscheiden kann. Und die Zeichen stehen gut: China interessiert sich zunehmend für kubanischen Zucker, auch Russland erinnert sich an das süße kubanische Erbe. 2012 stiegen die Ernteerträge mit 1,4 Millionen Tonnen wieder etwas an, bis zum Jahr 2015 werden Steigerungsraten von jährlich 20 Prozent auf dann circa 2,4 Millionen Tonnen prognostiziert. Das ist zwar deutlich weniger als zu den Hochzeiten, aber vielleicht ein verträglicheres Maß für Kuba und die Kubaner.

› S. 105

DAS LEBEN – EIN TRAUM

Jedenfalls für Katzen, die es sich auf dem warmen Kopfsteinpflaster Trinidads gemütlich machen. *Chinas pelonas* ist die spanische Bezeichnung für das aus Flusssteinen zusammengetragene Pflaster. Charakteristisch für die Architektur der Stadt sind einstöckige, oft noch mit Lehmziegeln gedeckte Häuser, deren Dachschrägen von Holzbalken gestützt werden. Ihre Fassade gliedern breite Haupttüren, in die eine oder mehrere kleinere Türen eingelassen wurden. Die Haupttür wurde in der Regel nur an den Sonn- und Feiertagen geöffnet. Die Fenster beginnen knapp über dem Boden und sind fast so hoch wie die Tür selbst. Um Luft und Licht ins Innere zu lassen, aber die direkte Sonneneinstrahlung zu vermeiden, haben die Fenster oftmals Holzgitter statt Glasscheiben.

›

IM MUSEO HISTÓRICO MUNICIPAL

Den schönen Dingen des Lebens zugetan war der Dichter, Arzt und Fabrikant Cantero. Als Besitzer von sechs Zuckermühlen konnte er sich jeden Luxus leisten. Dazu gehört der nach ihm benannte Stadtpalast an der Calle Simón Bolivar 423, unweit der Plaza Mayor. Heute beherbergt er ein Museum zur Geschichte der Stadt. Nach dessen Besichtigung sollte man auf den Turm des Palastes steigen, um über die Dächer Trinidads zu sehen.

^

IM MUSEO ROMÁNTICO

Von vergangenem Wohlleben zeugt auch der Palacio Brunet. Errichtet wurde er um das Jahr 1740 für den Zuckerbaron Nicolás Brunet y Muñoz. In den 14 Ausstellungsräumen des hier untergebrachten Museo Romántico bekommt man einen guten Eindruck vom feudalen Leben derjenigen, die vom Zuckerboom am meisten profitierten.

>

ROSANNA

Trotz ihrer fast 90 Jahre raucht Rosanna, die auch unter dem Namen „Nito“ bekannt ist, noch immer Zigarren. Damit bessert sie sich als wahrscheinlich ältestes „Fotomodel“ Trinidads auch gleich die Haushaltskasse auf.

‹

«DIESES LAND WIRD NIEMALS WIEDER VOM ZUCKER LEBEN … DIESE KULTUR GEHÖRTE IN DIE ZEIT DER SKLAVEREI UND IN DIE ZEIT EINES VOLKES VOLL VON HALBEN ANALPHABETEN.»

FIDEL CASTRO, SOHN EINES ZUCKERROHRPLANTAGENBESITZERS

Welchen Reichtum das Land dem Zucker wie den Sklaven verdankt, spürt man in Trinidad auf Schritt und Tritt. Gegründet wurde die Stadt bereits im Jahr 1514 von den spanischen Eroberern unter Velazquez. Vergeblich hofften diese, hier Gold zu finden, aber auch mit dem „weißen Gold“ der Zuckerbarone avancierte das malerisch vor den Bergen der Sierra del Escambray gelegene Trinidad zu einer der schönsten Städte des Landes.

Wer dort heute durch die engen Gassen geht, vorbei an den niedrigen, mit Rundziegeln gedeckten, in bunten Pastellfarben gestrichenen Häuschen mit den üppig geschmückten Ziergittern vor den Fenstern, den schönen Veranden und den schattigen Innenhöfen, der meint, hier wäre die Zeit schon vor 100 Jahren stehen geblieben.

Seinen Rundgang beginnt man am besten auf der Plaza Mayor, dem zentralen Platz in der etwas erhöht gelegenen Altstadt. Prachtvolle Beispiele spanischer Mudejar-Architektur sind der Palacio Brunet und der Palacio Cantero, weitere eindrucksvolle Gebäude aus dem 19. Jahrhundert finden sich an der Plaza Serrano. Einige der ehemaligen Stadtpaläste beherbergen heute Museen. So zeigt etwa das Museo de Arqueología Guamuhaya im Palacio Ortíz Funde aus präkolumbianischer Zeit. Gut erhalten sind auch einige Kirchen wie die Iglesia de la Popa aus dem 17. Jahrhundert.

Bein einem solchen Stadtbummel entpuppt sich Trinidad als bestens restauriertes Freilichtmuseum längst vergangener Tage. Allerdings durchaus belebt: von hageren Alten mit dicken Zigarrenstumpen im verknitterten Gesicht, von spielenden Kindern in den Hauseingängen und sich lebhaft unterhaltenden, den Vorübergehenden neugierig aus dem Augenwinkel heraus betrachtenden Frauen. Sie alle verwandeln Trinidads Kopfsteinpflaster in eine offene Bühne der Stadt, auf der das Leben als Fest des Alltags inszeniert wird – und der Alltag als Fest des Lebens. |

SPASSVÖGEL

Auch diese beiden Herren sitzen in den Gassen der Stadt nicht nur zum reinen Vergnügen, sondern auch, um Touristen zu einem Foto und einer kleinen Spende zu animieren. Meist mit Erfolg.

BLICKKONTAKT

Wie überall auf Kuba spielt sich auch in Trinidad das Leben vornehmlich auf der Straße ab. Kein Wunder – bei einer Jahresdurchschnittstemperatur von mehr als 25 Grad Celsius halten sich die wenigsten länger als unbedingt nötig in dein eigenen vier Wänden auf.

Via Reale
CUBA
SDE280

VIER SAITEN
FUR EIN HALLELUJA

Wer sein Instrument liebt, der trägt es selbst dann gern mit festem Tritt über das Pflaster von Trinidads Via Reale, wenn es sich dabei um einen schrankgroßen Kontrabass handelt. Eine Hülle braucht es in diesem Klima keine, und weit ist es ohnehin nie bis zum nächsten musikalischen Event. Dort wird dann in die Saiten gegriffen, bis die Sonne hinter den Bergen verschwindet und Platz macht für einen hohen, blassen Mond.

<

SPITZBÜBISCH

Nach Auskunft des Fotografen handelt es sich hier um «die beiden größten Lausbuben auf ganz Kuba». Und wenn man sich die zwei so ansieht ...

ALLGEGENWÄRTIG

Der kubanische Nationalstolz kennt weder ethnische noch Altersgrenzen – selbst wenn in diesem Fall die Freude am kindlichen Fahnenschwingen doch höher sein dürfte als über die damit symbolisierte Nation. Letztere ist jedenfalls sehr kinderlieb. Die Kubaner haben ihre Kinder fast überall und immer wie selbstverständlich mit dabei.

^

IM RICHTIGEN AUGENBLICK

Kubas Hoffnungen und Träume ruhen auf den Schultern einer jungen Generation: Jeder fünfte Kubaner ist noch keine 16 Jahre alt, 63,3 Prozent aller Im letzten Zensus 2012 ermittelten 11,16 Millionen Einwohner Kubas sind zwischen 16 und 59 Jahre alt.

MOND ÜBER TRINIDAD

Nachts kühlen die Temperaturen kaum ab, und so kann man an der zentralen Plaza Mayor noch ein bisschen verweilen, ehe man anschließend zum Beispiel in der Taberna Canchánchara den gleichnamigen Cocktail probiert: Schnaps, Limettensaft, Honig und Eis als Auftakt für eine heiße Nacht.

⌄

ERBE DER WELT

Wie gut die Gelder der Unesco in Trinidad angelegt sind, zeigt dieses Bild: Vor wenigen Jahren noch blätterte der Putz von den Fassaden. Nun wirkt alles frisch und bunt wie in einem liebevoll gepflegten Freilichtmuseum. Ein würdiges Welterbe.

»

REINALDO

VON DEN FREUDEN UND LEIDEN EINES RESTAURANTBESITZERS

Kubas Volkswirtschaft ist seit wenigen Jahren in einem entscheidenden Umbruch begriffen. 2010 leitete die Regierung Reformen ein, mit denen nichtstaatliche Formen der Erwerbstätigkeit teils erlaubt, teils gefördert werden sollen. Dazu gehören auch die Aufhebung bestehender Verbote und die Schaffung neuer Freiräume für Selbstständige (*cuentapropistas*, vergleichbar mit den deutschen „Ich-AGs“). Betroffen davon sind knapp 180 Berufsfelder vor allem im Kleingewerbe: Frisöre, Taxifahrer und die Inhaber von Restaurants. Für die Kubaner bedeutet das vielleicht die revolutionärste Neuerung seit dem Sturz der Batista-Diktatur 1959. Inzwischen gibt es rund 400 000 Selbstständige im Land.

Reinaldo ist einer von ihnen. 2010 eröffnete er in Trinidad, in der Calle de Simón Bolívar 518 unweit der zentralen Plaza Mayor, ein Restaurant, das heute zu den besten der Stadt zählt. Zu kubanischer Live-Musik kann man in einem großen Gastraum oder auf der Veranda beispielsweise jene köstlichen Langusten genießen, für die Trinidad bekannt ist.

Reinaldos Familie kam im Jahr 1882 aus Barcelona nach Kuba, wo Reinaldos Urgroßeltern einige Bäckereien und Süßwarenlädem besaßen. Seine Großmutter wurde bereits auf Kuba geboren, seine Eltern waren Lehrer. Hier gehörte der Familie eine der größten Tabakfabriken der Region. Im historischen Zentrum der Stadt kauften sie ein 1742 errichtetes Haus, in dem Reinaldo bis heute lebt und das er inzwischen komplett restauriert hat. Es gehört zu den ältesten Häusern von Trinidad und wäre schon für sich allein eine Besichtigung wert. Reinaldo vermietete dort zunächst Zimmer an Touristen.

GLORYROD
ILLEGAL
COMPANY

1

2

3

Seiten 116/117_Reinaldo und die – in jeder Beziehung des Wortes – jüngste Frau an seiner Seite. 1_Vom privaten Glück. Ob es „ein richtiges Leben im falschen gibt", ist für Reinaldo keine Frage. Solche Fragen beschäftigten eher die westlichen Revolutionstouristen der 1960er- und 1970er-Jahre. 2_ Für Reinaldo beginnt jetzt vor allem eine neue Ära, im „La Nueva Era", seinem eigenen Restaurant. 3_ Serviert werden dort besonders gute Langusten und Fischgerichte. 4_ Woher das Krokodil im trauten Heim stammt, bleibt ein Geheimnis.

Auch etwas zu essen gab es dort immer für seine Gäste, sogar die eigentlich nur für den Staat bestimmten Langusten. Aber nur hinter verschlossenen Türen ... Nun ist er froh, ganz legal auftischen zu dürfen, was Küche und Keller zu bieten haben.

Seinem neuen Restaurant gab Reinaldo den Namen „La Nueva Era", „Die neue Ära". So hieß schon die Tabakfabrik seiner Familie. Wie gut die Geschäfte inzwischen laufen, erkennt man daran, dass Reinaldo sein Restaurant nach und nach vergrößern konnte – von zunächst 50 Plätzen auf mittlerweile 120. Und er hat schon neue Pläne: Reinaldo möchte ein zweites Lokal aufmachen, ebenfalls in Trinidad, «ein Spezialitätenrestaurant, ganz romantisch, mit Piano- und Geigenmusik». Das Grundstück, auf dem er das Restaurant errichten will, gehört ihm bereits. Reinaldo ist ein viel beschäftigter Mann – auch privat. Er hat sechs Kinder – vier Mädchen, zwei Jungen – und fünf Frauen. Genauer: Seit Juli 2012 ist er zum fünften Mal verheiratet, und man könnte den Eindruck gewinnen, dass seine Frauen mit dem Erfolg immer jünger wurden. Doch Reinaldo schwört, dass das jetzt seine letzte Ehe ist! Yaima ist gerade einmal 20, er selbst 47. Im Februar 2013 kam ihr erstes gemeinsames Kind, ein Junge, auf die Welt.

Dass das Leben im neuen kubanischen Marktsozialismus stressige Züge annehmen kann, ist kaum zu übersehen. Reinaldo arbeitet inzwischen sieben Tage die Woche, von morgens elf bis abends elf. Da liegt die Frage nahe, wann er denn noch Zeit findet,

das Leben zu genießen? «Na ja», antwortet er, «die Zeit findet man immer. Die muss man sich einfach nehmen. Das ist auch eine Fähigkeit, die wir nicht verlieren dürfen. Wir arbeiten jetzt hart und nutzen die verlorene Zeit – haben aber immer noch genug Zeit zum Genießen.»

Für seine Lizenz bezahlt Reinaldo monatlich eine stattliche Gebühr. Darüber hinaus muss er weitere zehn Prozent seiner Einnahmen an den Staat abführen. Am Ende eines jeden Jahres wird mit dem Gesamteinkommen auch der Gewinn berechnet, von dem Reinaldo erneut zehn Prozent abführen muss. Als stolzer Unternehmer trägt er zudem nicht mehr nur die Verantwortung für sich und seine vielköpfige Familie – alle Ehefrauen und die Kinder leben nach wie vor in Trinidad und werden von ihm unterstützt –, sondern auch für seine insgesamt 31 Angestellten. Für sie muss er neben dem Lohn auch die Sozialversicherung bezahlen. Seine Angestellten verdienen mehr als früher in einem staatlich geführten Restaurant. Auch deshalb arbeiten sie gern bei ihm: «Das ist eine andere Arbeit als früher, ein privater Betrieb. Die Dinge verändern sich sehr schnell. Für meine Leute ist das gut.»

Für Reinaldo offenbar auch, Stress hin oder her. Geld sei für ihn nicht das Wichtigste, sagt er. Aber natürlich möchte er, dass sein Betrieb weiter wächst. Sein persönlicher Traum ist es, «darum zu kämpfen, dass meine Familie alles hat und dass es uns jeden Tag besser geht!»

NAHAUFNAHME

Als der französische Pionier Don Louis de Clouet an der Südküste Kubas Cienfuegos gründete, tat er dies in der erklärten Absicht, den weißen Bevölkerungsanteil auf der Insel erhöhen zu wollen.

>

CIENFUEGOS UND CAMAGÜEY

DIE FARBEN DER PROVINZSTÄDTE

Cienfuegos, die Hauptstadt der gleichnamigen Provinz, liegt am nördlichen Ende der Bahía de Cienfuegos, einer der schönsten natürlichen Buchten der Insel. Diese hat einen flaschenhalsähnlichen, an der schmalsten Stelle nur rund 200 Meter breiten Zugang, den Kolumbus erst auf seiner zweiten Reise entdeckte, als er im Jahr 1494 auch die Südküste der kubanischen Hauptinsel erkundete. Drei Flussmündungen stillten an dieser Stelle den Durst der Seefahrer mit köstlichem Süßwasser. Kein Wunder, dass die rund 20 Kilometer lange, einen imposanten Naturhafen bildende Bucht über die Jahrhunderte hinweg auch ein ideales Versteck für Schmuggler und Piraten war. Um sich vor deren Übergriffen zu schützen, wurde 1745 die Festung Castillo de Nuestra Señora de los Ángeles de Jagua errichtet, die nach Havanna und Santiago de Cuba drittälteste Verteidigungsanlage der Insel. Damals hieß die Bucht noch „Bahia de Jagua", nach der von den Taíno verehrten Göttin des Ackerbaus, des Fischfangs und der Fruchtbarkeit. „Ferdinanda de Jagua" nannte dann Don Louis de Clouet, der am 22. April 1819 mit 40 französischen Familien in der Bucht landete, die hier gegründete Siedlung. Mit dem Anbau von Zuckerrohr, Tabak und Obst gelangten die Bewohner der um 1830 nach dem damaligen Gouverneur José Cienfuegos umbenannten Ansiedlung zu einigem Reichtum. Der spiegelt sich auch in der gut erhaltenen Architektur des historischen Zentrums wider, der Cienfuegos die Bezeichnung „Perle des Südens" verdankt.

Geographisch teilt sich die Stadt in zwei Hälften: das von Kolonnaden gesäumte, schachbrettartig angelegte Zentrum (Pueblo Nuevo) um den eleganten Prado und den Parque Martí sowie die schmal in die Bucht ragende Punta Gorda. Prunkstück der Halbinsel ist der in den Jahren 1913 bis 1917 für den spanischen Millionär Don Ciscle del Valle y Blanco errichtete und nach

> S. 126

IM PALACIO DE VALLE

Koloniale Pracht an der Bahía de Cienfuegos: 1,5 Millionen US-Dollar gab der aus Asturien stammende Don Ciscle del Valle y Blanco im Jahr 1913 aus, um ein kreolisches Landhaus auf der Punta Gorda in (s)einen Palast zu verwandeln. Typisch für die stark vom maurischen Mudejarstil inspirierte Architektur solcher Stadtpaläste sind die durch *mamparsas* – zweiflügelige Türen – abgeteilten Räume. Das dabei eingesetzte Buntglas sorgt für ein schönes Farbenspiel im Raum.

^

SCHMUCKSTÜCKE

Plastikblumen zieren manche kubanische Wohnung. Bob Marley als Wandschmuck findet man weniger oft. Die hier mit sichtlichem Stolz zur Schau gestellten Tattoos waren auf Kuba lange Zeit verpönt. Doch inzwischen ist auch diese Form des Körperschmucks im kubanischen Sozialismus kein Tabu mehr, das man mit Kriminellen und Konterrevolutionären in Verbindung bringt, sondern allgemein etabliert.

**DIE STRASSE –
EIN ABENTEUERSPIELPLATZ**

Das Talent zur großen Pose scheint schon den kleinsten Kubanern in die Wiege gelegt worden zu sein.

›

Best Wear
35

BAHÍA DE CIENFUEGOS

Einem Binnenmeer gleicht die rund 88 Quadratkilometer große Bucht von Cienfuegos. Einst ankerten an dieser Stelle gefürchtete Piraten wie Francis Drake und Henry Morgan, um von hier aus spanische Schiffe zu kapern. Heute schaukeln einfache Fischerboote gemächlich auf den (nicht immer so gemächlichen) Wellen der Karibischen See.

>

«LA CIUDAD QUE MÁS ME GUSTA A MÍ.» – «DIE STADT, DIE MIR AM BESTEN GEFÄLLT.» DER KUBANISCHE SÄNGER BENNY MORÉ ÜBER CIENFUEGOS

ihm benannte neomaurische Palacio de Valle. Zu den sehenswerten Gebäuden im historischen Zentrum zählen neben schmucken Wohnhäusern aus der Zeit des Zuckerbooms vor allem der Gouverneurspalast, die Schule San Lorenzo, die Kathedrale und der Palacio de Ferrer (Casa de la Cultura). Im glanzvollen Teatro Tomás Terry wurden einst singende und schauspielernde Weltstars wie Enrico Caruso und Sarah Bernhardt gefeiert.

Jenseits der kolonialen Pracht entwickelte sich Cienfuegos zu einem der wichtigsten Industriestandorte Kubas. Bereits in den 1960er-Jahren entstand auf Initiative Che Guevaras eine riesige Zuckerverladestation, und hier steht auch das einzige Atomkraftwerk des Landes. Dessen Bau geht zurück auf ein im Jahr 1976 unterzeichnetes Abkommen zwischen Kuba und der UdSSR. 1983 begann man mit den Arbeiten an zwei Kernreaktoren, basierend auf der zuvor schon in Tschernobyl angewandten Technologie. Um Wohnungen für rund 10 000 Arbeiter zu schaffen, wurde neben dem AKW eine Stadt mit dem naheliegenden Namen „Ciudad Nuclear" aus dem Boden gestampft. Zehn Jahre nach Baubeginn sollte der erste Reaktor in Betrieb genommen werden. Mehr als eine Milliarde US-Dollar hatte man dafür bereits investiert und die Anlage zu fast 90 Prozent fertiggestellt. Doch mit dem Zusammenbruch der Sowjetunion konnte die weitere Finanzierung nicht mehr gesichert werden. 1998 wurde der Bau endgültig eingestellt. In der „Nuklearstadt" stehen nun viele Wohnungen leer, das AKW überragt als einsame Industrieruine unübersehbar die Bucht von Cienfuegos.

Gänzlich verlassen ist die Ruine jedoch nicht. Hin und wieder sieht man Männer, die mit Hämmern auf Betondecken einschlagen, um an das Laminiereisen zu kommen, das sie für den eigenen Hausbau verwenden können, während andere in den ehemaligen Maschinenhallen mit Gasbrennern zu Werke gehen. Es wird alles auseinandergenommen, was auf dem Metallmarkt einen

> S. 138

TAUSENDUNDEINE NACHT

Eine eklektische Mischung aus Märchenschloss und Burg, Orient und Okzident, aus Gotik, Barock und maurischem Dekor ist der von dem italienischen Baumeister Alfredo Colli errichtete Palacio de Valle. In den 1950er-Jahren kaufte ein Bruder des Diktators Batista das Anwesen, um darin ein höchst profitables Spielkasino einrichten zu lassen. Heute wird hier in einem Restaurant kreolische Küche serviert.

CASA DE LA CULTURA BENJAMÍN DUARTE

Am Parque Martí erhebt sich eine im Jahr 1918 für den Zuckerbaron Don José Ferrer errichtete Villa, in der einst Enrico Caruso nach seinem umjubelten Auftritt im Teatro Tomás Terry übernachtete. Italienischer Marmor im Inneren und Aussichtstürmchen auf dem Dach schmücken das Gebäude. Es müsste dringend renoviert werden, um weiterhin als – nach dem kubanischen Maler Benjamín Duarte Jiménez benanntes – Kulturzentrum zu dienen.

CASAS PARTICULARES …

… sind die beste Möglichkeit für Individualreisende, um Land und Leute kennenzulernen. Die Besitzer solcher Privatzimmer bieten oft auch ihre Dienste als Reiseführer an. Die nötigen Spanischkenntnisse – vor allem auf dem Land – vorausgesetzt, kommt man in der Regel schnell in Kontakt mit der Gastgeberfamilie, die alles daransetzen wird, den Aufenthalt für den Reisenden zu einem rundum gelungenen Erlebnis zu machen.

BIENVENIDOS – HERZLICH WILLKOMMEN

Auch diese Familie in Cienfuegos vermietet in ihrem privaten Wohnhaus Gästezimmer an Touristen. Gekennzeichnet sind solche Häuser in der Regel mit einem blauen Schild und der Aufschrift „*Arrendador Divisa*" – einem Hinweis darauf, dass der Besitzer eine offizielle Lizenz zum Vermieten der Räume erworben hat. Gegen Bezahlung wird den Gästen meist auch Frühstück und Abendessen angeboten.

⌄

AUF DEM MALECÓN VON CIENFUEGOS

«... und gehe ich verloren, sucht mich in Kuba!«, schrieb der spanische Dichter Federico García Lorca nach Hause, als er im Jahr 1930 die Tropeninsel besuchte. Eigentlich hatte er nur ein paar Tage lang bleiben wollen, doch dann wurden es Monate: Kubas Poesie zog den Poeten vom ersten Moment an in den Bann, da er die Insel betrat.

»

LAGO HANABANILLA

Im Herzen der Sierra del Escambray erstreckt sich der künstlich aufgestaute See Hanabanilla auf einer Länge von fast 32 Kilometern. Von hier aus werden die Städte Santa Clara und Cienfuegos mit Wasser versorgt, ein kleines Kraftwerk liefert Strom für die umliegende Region.

^

IDYLLISCHE TÄLER UND WILDE WASSERFÄLLE ...

... wie der sich vom Pico San Juan in kleine erfrischende Pools stürzende El Nicho prägen das Escambray-Gebirge, eine der ursprünglichsten und landschaftlich reizvollsten Gegenden der Insel. Wer die teilweise abenteuerliche Anfahrt auf schlaglochübersäten Bergstraßen mit bis zu 30-prozentiger Steigung vom 40 Kilometer entfernten Cienfuegos nicht scheut, der findet in dieser Region eines der schönsten Wander- und Ausflugsziele Kubas.

>

WUNDER DER NATUR

Zu den Leguanartigen gehören die Anolis, eine Gattung kleiner bis mittelgroßer baumbewohnender Echsen. Da sie an der Unterseite der vorletzten Fingerglieder kleine schuppenförmige Blättchen tragen, mit denen sie an glatten Rinden emporklettern können, werden sie auch „Saumfinger" genannt. Ähnlich dem Chamäleon können die Tiere je nach Stimmung ihre Farbe wechseln. Auf Kuba verbreitet sind sie in annähernd 400 Arten, von denen einige endemisch sind. Der in den subtropischen Laubwäldern der Karibik wie in den Vereinigten Staaten beheimatete, auch „Rotkehlanolis" genannte Grüne Anolis *(Anolis carolinensis)* war im Jahr 2011 das erste Reptil, dessen Genom vollständig sequenziert wurde.

<

FRÖHLICHE TROPEN

Die im Jahr 1958 in Camagüey geborene Ileana Sánchez Hing gehört mit ihrem Mann Joel Jover zu den renommiertesten Künstlern der Stadt. Von ihr stammt auch das hier zu sehende *mural* (Wandgemälde). Der kubanische Autor Roberto Méndez rühmte die Bilder der Künstlerin gar als – einen grenzenlosen Optimismus zeigende – «Neuerfindung der Tropen». Das scheinen auch diese beiden Bewundererinnen mit einem fröhlichen Lächeln zu bestätigen.

›

Wert hat, Rohre werden in Stücke zerlegt, dicke Panzerplatten aufgeschnitten und vor der Halle auf Lkws verladen. Dass das Material vor allem in China sehr begehrt ist, hat sich auch hier in der kubanischen Provinz herumgesprochen. Und wer wollte es den im Schatten der Ruine lebenden Menschen schon verübeln, wenn sie nun nach und nach den einstigen Traum von der kubanischen Atomenergie in handliche Stücke zerteilen?

In einem Halbtagesausflug von Cienfuegos aus erreichbar ist das westlich von Cruces an der Straße nach Santa Clara gelegene Örtchen Santa Isabel de las Lajas. Dort wurde am 24. August 1919 Bartolomé (Benny) Moré geboren, Namensgeber eines alle zwei Jahre im September stattfindenden Musikfestivals und einer der bis heute am meisten verehrten kubanischen Sänger. Zu seiner Beerdigung im Jahr 1963 kamen mehr als 100 000 Menschen.

Naturliebhaber werden sich einen Besuch des Jardín Botánico Soledad nicht entgehen lassen: Der rund zehn Kilometer östlich von Cienfuegos gelegene botanische Garten versammelt auf nicht mal einem Quadratkilometer Fläche mehr als 2000 Pflanzen und Bäume, von denen etwa die Hälfte nur auf Kuba vorkommt. Wer mehr Zeit hat, kann noch die Península de Zapata erkunden, die sich westlich von Cienfuegos tief in die Karibische See vorschiebt. Dort findet man im Gran Parque Natural Montemar eines der größten naturbelassenen, seit 2001 als Biosphärenreservat der Unesco geschützten Sumpfgebiete der Insel – nicht zuletzt ein Paradies für Ornithologen.

Auf dem Weg zur Halbinsel kommt man dann auch an der Bahía de Cochinos vorbei, der Schweinebucht – weltberühmter Schauplatz eines Invasionsversuchs, bei dem am 17. April 1961 eine Truppe aus 1500 schwerbewaffneten, mithilfe des US-amerikanischen Geheimdienstes CIA ausgebildeten Exilkubanern in einem Überraschungscoup die Insel einnehmen

› S. 142

5
LIA

SCHACH DEM EDELMANN

Che Guevaras Porträt hängt nicht zufällig in dieser Schachschule in Camagüey. Der Revolutionär wurde zum „Edelmann“ des Internationalen Schachverbands (FIDE) ernannt – als Anerkennung für seinen Beitrag zur Förderung des Schachs in Kuba und Lateinamerika.

^

WEISS UND SCHWARZ

«In diesen Momenten der weltweiten Konfrontationen, die sich aufgrund sehr verschiedener ideologischer Systeme gebildet haben, kann das Schach die Völker aus Ländern mit vollkommen verschiedenen politischen Doktrinen in Einklang bringen und verbinden» (Che Guevara). Zehn Großmeister und mehr als 30 Internationale Meister hat Kuba bereits hervorgebracht. Und wer weiß, was diese beiden Eleven der Schachschule in Camagüey noch so alles vorhaben ...

ÜBERLEBENSGROSS

Che Guevara wird auf ganz Kuba bis heute verehrt. Im Zentrum der Insel ist sein Porträt besonders häufig zu sehen. Was damit zusammenhängen dürfte, dass die Region mit einigen seiner entscheidenden Wegmarken verbunden ist. Deren militärisch bedeutendste ist die Einnahme von Santa Clara 1958 nach zweijährigem Guerillakampf gegen die zahlenmäßig deutlich überlegene Batista-Armee. Hier findet man auch seine Begräbnisstätte.

›

«DAS IST FÜR MICH SOZIALISMUS: EIN RIESIGER RAUM, EIN WACHMANN, CHE GUEVARA MIT ZWEI PALMEN – UND NICHTS, DAS ES ZU BEWACHEN GIBT.»

TOBIAS HAUSER

wollte. Der Versuch misslang – auch deshalb, weil die USA einen Tag vor der Aktion kubanische Luftwaffenstützpunkte bombardiert und das Land damit in Alarmbereitschaft versetzt hatten.

Anders als das „ordentlich" gegliederte Cienfuegos überrascht Camagüey, der Geburtsort des Dichters Nicolás Guillén, mit einem unübersichtlichen Gewirr an Gassen und Plätzen in der Altstadt. Der Grund dafür waren die häufigen Piratenüberfälle: Angreifer sollten im urbanen Labyrinth die Orientierung verlieren. Zweimal musste die im Februar 1515 in der Bucht von Nuevitas gegründete Stadt verlegt werden, bis sie 1528 an ihrem heutigen Platz im Landesinneren errichtet wurde. Ihre ursprüngliche, exponierte Küstenlage hatte sie zu einem leicht einnehmbaren Angriffsziel gemacht.

Benannt wurde Camagüey nach dem indianischen Stammesgebiet, in dem die Stadt gegründet worden war: Camagüebax. Die wirtschaftliche Unabhängigkeit als Hauptstadt einer dank Zucker und Rinderzucht prosperierenden Provinz begünstigte die Entwicklung einer eigenständigen Architektur, die Camagüey bis heute einen ganz eigenen Charme verleiht. Schönster Platz in der Altstadt ist die bereits im 18. Jahrhundert angelegte Plaza San Juan de Dios. Umgeben ist sie von hell getünchten Kolonialhäusern, einer Barockkirche und einem im maurischen Stil errichteten ehemaligen Hospital.

Im Süden der Provinz erstrecken sich entlang der Küste der Karibischen See die „Gärten der Königin" *(Jardines de la Reina)* – ein Naturschutzgebiet mit vielen kleinen Inseln und Korallenriffen, das Hemingway als Kulisse für seinen Roman „Inseln im Strom" diente. Hemingway kannte sicher auch die Legende von den Tonkrügen, *tinajones*, dem Wahrzeichen der Stadt Camagüey: Hüten sollte sich der Fremde, wenn ihm ein Mädchen Wasser aus einem solchen Krug anbietet. Denn falls er das Angebot annimmt und trinkt, so heißt es, wird er sich unsterblich verlieben und die Stadt nie mehr verlassen wollen. |

KUNST IM ALLTAG

Die Keramikfiguren auf der Plaza del Carmen in Camagüey zeigen Alltagsszenen wie einen Wasserverkäufer und eine „schwatzende Frau". Aus Keramik gefertigt sind ebenfalls die für Camagüey typischen *tinajones* – riesige Tonkrüge, in denen Regenwasser gesammelt und frisch gehalten wurde. Den Reichtum einer Familie bemaß man in dieser an Wassermangel leidenden Region auch an der Zahl solcher Krüge, die sie besaß.

UNTER FREUNDEN

Zu den schönsten Plätzen der historischen Altstadt von Camagüey zählt die im 18. Jahrhundert angelegte Plaza San Juan de Dios. Sie wird von farbenprächtigen Häusern mit ihren überdachten Holzbalkonen und Ziergittern vor den Fenstern gesäumt.

»

FAMILIENAUSFLUG

Dass man ein Kleinkind mit auf die Motorradtour nimmt – auch das gehört wie hier in den Straßen von Camagüey zum kubanischen Alltag.

˅

ALL STAR

OSTEN

Schon Kolumbus schwärmte von Kubas Natur: «Der Anblick dieser Blumengärten und grünen Wälder, das Zwitschern der Vögel erfüllten mich mit so großer Freude, dass ich mich nicht losreißen konnte …»

Mozart auf Kuba? Die Stiftung Mozarteum hat ein Kuba-Projekt ins Leben gerufen, das für eine musikalische Begegnung der Kulturen sorgen soll. Genau das – die Begegnung verschiedener Kulturen – prägte Kubas Musik schon von Anfang an.

Seiten 148/149_Strand an der Ostküste. An den Palmen vorbei führt ein Holzsteg direkt auf den weißen Sand vor türkisfarbenem Meer. Eine Szenerie, die der Vorstellung vom tropischen Paradies sehr nahekommt.

SIERRA MAESTRA UND BARACOA

DIE NATUR DER REVOLUTION

OSTEN

Die höchsten Berge, die schönsten Strände: Im noch wenig erschlossenen Osten Kubas sind bis heute grandiose Naturlandschaften erhalten geblieben. Zwei davon, der Nationalpark Desembarco del Granma zu Füßen der Sierra Maestra und der Nationalpark Alejandro de Humboldt bei Baracoa, werden von der Unesco als Weltnaturerbe geschützt. Auch die Relikte der alten Kaffeeplantagen unterhalb der Sierra Maestra genießen den Schutz der Unesco: als imposantes Zeugnis landwirtschaftlicher Produktionsbedingungen in der Karibik zur Zeit der Sklaverei. Das Gleiche gilt für Santiago de Cuba, die zweitgrößte Stadt des Landes und Hauptstadt der gleichnamigen Provinz, in der sich kubanische Lebensfreude und karibische Rhythmen vereinen.

SANTIAGO UND DIE SÜDKÜSTE

SALSA, SON, SONNE UND STRAND

KOSTBARER MOMENT

Anders als es sein Name vermuten lässt, ist der Kubasmaragdkolibri *(Chlorostilbon ricordii)* nicht auf Kuba endemisch, sondern kommt auch auf den Bahamas sowie auf den Turks- und Caicosinseln vor. Gut zu erkennen sind die Vögel am weißen Punkt hinter dem Auge.

>

SIERRA MAESTRA UND BARACOA

DIE NATUR DER REVOLUTION

Dass das Universum eine sich unendlich ausdehnende Angelegenheit sei, ist eine gut zu begründende, aber doch recht abstrakt klingende Sicht auf die Welt. Überschaubarer ist da schon die Weltanschauung in den afrokubanischen, mit afrikanischen Sklaven nach Kuba gelangten Mythen. Ihnen zufolge hat das Universum die Gestalt eines Kürbisses. Genauer, eines durch einen horizontalen Schnitt in zwei Hälften geteilten Kürbisses, dessen Inneres ausgehöhlt wurde, sodass die beiden Hälften mit der offenen Seite einander zugewandt sind. Die obere Halbkugel repräsentiert den Kosmos, in dem die *orisha* leben – der afrokubanische Götterhimmel. Die untere Halbkugel entspricht der von den Menschen bewohnten Erde. Zwischen den beiden Hälften gibt es ein den Geistern der Toten vorbehaltenes Zwischenreich. Einen Verantwortlichen für das Ganze kennt man auch, einen allmächtigen Schöpfergott. Der heißt Olofi und soll sich der Überlieferung nach von seinem Werk zurückgezogen haben, sobald dieses vollendet war. Und hier kommt nun Fidel Castro ins Spiel. Denn wer, wenn nicht er, sollte es schon richten, nachdem sich der oberste Boss aus dem Staub gemacht hatte?

Am 25. November 1956 setzten Fidel Castro, Che Guevara sowie 80 weitere Gefährten mit einer privaten Motoryacht, der zwölf Meter langen „Granma“, von Mexiko nach Kuba über, um dort die Batista-Diktatur zu stürzen. Das Original der Yacht ist heute im Revolutionsmuseum in Havanna zu besichtigen, am historischen Ort der Landung im Süden Kubas befindet sich eine Rekonstruktion der „Granma“. Auch der Name des Nationalparks Desembarco del Granma erinnert an die dramatischen Ereignisse. Nur an wenigen anderen Orten Kubas existiert eine solche Dichte endemischer Pflanzen wie in diesem Park. Die Tierwelt ist ebenfalls außergewöhnlich vielfältig. Mehr als 100 Vogel- und über 50 Reptilienarten wurden gezählt,

> S. 160

VOGELKUNDE

Dass Kuba unter Ornithologen einen so guten Ruf hat, hängt auch damit zusammen, dass die Florida vorgelagerte Insel als Landbrücke für den transamerikanischen Vogelzug von Nord-Kanada bis nach Feuerland dient. Rund 300 Arten ziehen jeweils im Frühjahr und Herbst hier durch. In diesem Fall handelt es sich allerdings um einen – auf der Karibikinsel endemischen – Vielfarben- oder Kubatodi *(Todus multicolor)*.

^

FRIEDLICH …

Diese beiden Kinder leben in Santo Domingo, einem der letzten kleinen Orte der auch als Nationalpark geschützten Gebirgswelt der Sierra Maestra – wo die Straße endet und das Abenteuer beginnt.

⌄

SONNENUNTERGANG

Der Blick verliert sich über der weiten, hügeligen Landschaft mit den vom Wind schon reichlich zerzausten Königspalmen, und so bleibt Zeit, den eigenen Gedanken nachzuhängen.

»

SCHULKINDER AUS SANTO DOMINGO

Als einziges lateinamerikanisches Land bietet Kuba seinen Bürgern einen kostenlosen Bildungsweg. Nach dem Kindergarten *(jardin de la infancia)* beginnt er ab dem fünften Lebensjahr mit dem Besuch der Vorschule *(preescuela)* und führt weiter über die Schule *(colegio)* bis hin zur Universität *(universidad)*.

IN DER SIERRA MAESTRA

Rau, aber herzlich ist der Alltag der hier lebenden *campesinos* (Bauern). Von den drei Kuba durchziehenden Gebirgszügen ist die Sierra Maestra der größte und höchste.

FROSCHKÖNIG?

Ein Laubfrosch *(Pseudacris crucifer)* in der Sierra Maestra. Weltweit gibt es beinahe 6000 verschiedene Froscharten. Eine Besonderheit im östlichen Kuba sind Zwergfrösche. Dazu gehört auch der kleinste Frosch der nördlichen Hemisphäre – das auf Kuba endemische, gerade mal einen Zentimeter große Monte-Iberia-Fröschchen *(Eleutherodactylus iberia)*.

›

«DIE NATUR MUSS GEFÜHLT WERDEN. WER SIE NUR SIEHT UND ABSTRAHIERT, KANN PFLANZEN UND TIERE ZERGLIEDERN, ER WIRD DIE NATUR ZU BESCHREIBEN WISSEN, IHR ABER SELBST EWIG FREMD SEIN.» ALEXANDER VON HUMBOLDT, NATURFORSCHER

viele kommen nur hier vor. Es gibt eine Vielzahl von Insekten und wirbellosen Tieren, farbenprächtige Schmetterlinge sowie eine Reihe von Schnecken und anderen Weichtieren. In den vorgelagerten Korallenriffen leben äußerst seltene Meeresschildkröten, besonderen Schutz genießen die Karibik- oder Nagelmanatis, eine selten gewordene Seekuhart.

Für alle diese Naturschönheiten aber dürften die Rebellen der „Granma" kaum einen Blick gehabt haben. Geplant war, an einem entlegenen Streifen Ostkubas zu landen und von dort ins unwegsame Gelände der Sierra Maestra zu ziehen, während parallel dazu Mitverschwörer ein Waffenlager der Armee plündern und sich ebenfalls auf den Weg in die Sierra Maestra machen sollten. Dort wollte man mit den erbeuteten Waffen und Hunderten von Freiwilligen einen Partisanenkrieg gegen die Diktatur beginnen. Doch tatsächlich ging erst einmal alles schief: Zwar agierten Castros Mitstreiter auf der Insel wie verabredet, doch sie wurden sogleich von Batistas Armee niedergeschlagen. Unterdessen mussten die Rebellen auf hoher See durch heftige Stürme navigieren, verloren fast ihre gesamte Ausrüstung und konnten erst zwei Tage später als vorgesehen, am 2. Dezember 1956, an Land gehen. Dort wurden sie rasch von Marinefliegern Batistas entdeckt, aus der Luft angegriffen und auseinandergesprengt. Von den 82 Rebellen erreichten nur wenige das Ziel, den Pico Turquino – mit 1974 Meter Höhe der höchste Berg der Insel. Unter den Überlebenden befanden sich auch jene drei, die später als „das Herz" (Fidel Castro), das „Hirn" (Che Guevara) und „die Faust" (Castros Bruder Raúl) der Kubanischen Revolution in die Geschichtsbücher eingehen sollten.

Was dann geschah, fasste der Schweizer Journalist Fritz René Allemann als zeitgenössischer Beobachter des Geschehens mit den folgenden Worten zusammen: «Ein Dutzend Gescheiterter auf einem unwirtlichen Berggipfel – das war die Macht, die in den Weihnachtstagen 1956 den Kampf gegen die

› S. 167

ERHABEN

Blick vom Pico Turquino, dem höchsten Punkt Kubas, über die Sierra Maestra. Zu Beginn des Aufstiegs morgens um vier Uhr versteckt sich der Berg noch in der Dunkelheit. Einige Stunden später ist nur noch sein Gipfel in Wolken gehüllt, doch je wärmer es wird, desto mehr lösen sie sich auf und geben den Blick frei für den Wanderer.

^

AUF DER LAUER

Kurz bevor der Gipfel des Pico Turquino erreicht ist, sitzt diese Echse am Wegesrand: Kubas Flora ist zwar nicht ganz so vielfältig wie die von Wissenschaftlern auf 6500 bis 7000 Arten geschätzte Fauna der Insel, doch es gibt auch hier noch viele Entdeckungen zu machen.

VERSTECK IN DEN BERGEN

Castro war bereits ein Jahr auf der Flucht durch die Sierra Maestra, als er hier ein Camp gründete, die *Comandancia de la Plata*. Ein gut gewählter Ort für das Hauptquartier der Rebellen: abgelegen, schwer zugänglich und inmitten dichter Lorbeerwälder versteckt.

^

HÖHEN UND TIEFEN

Die Sierra Maestra hat sich kaum verändert, seit Fidel und Che in den 1950er-Jahren die schattige Bergwelt durchstreiften. Überragt wird die Szenerie vom Pico Turquino, dem Inselhöchsten.

>

BÄUERLICHES LEBEN

Die palmstrohgedeckten *bohíos* (Hütten) der *campesinos* (Bauern) in der Sierra Maestra sind nach dem gleichen Prinzip gebaut wie die traditionellen Behausungen der präkolumbianischen Bevölkerung.

‹

«FIDEL VERLIEH IN DEN ERSTEN JAHREN DER REVOLUTION DEN IMPULS, GAB IHR IMMER DIE RICHTUNG, DEN TON.»

ERNESTO („CHE") GUEVARA

Regierung eines Sechsmillionenvolkes und eine Armee von 40 000 Mann aufnahm. Fidel war wohl der einzige, der selbst in diesen düsteren Tagen unbeirrt an den Erfolg glaubte. Und so unwahrscheinlich es aussah – er sollte recht behalten. Wenig mehr als zwei Jahre später zog er siegreich in Havanna ein.»

Auf seine Art ein „Rebell" war auch Alexander von Humboldt, der sich schon früh dezidiert gegen das Unwesen der Sklaverei ausgesprochen hat. Im Jahr 1769 in Berlin geboren, hielt sich Humboldt zweimal, 1801 und 1804, auf Kuba auf, um dort Studien über die Geographie, Natur und Gesellschaft der Insel anzustellen. Die dort gehörten «kaltblütigen Erörterungen» über den größtmöglichen – ökonomischen – Nutzen der Sklavenhaltung brachten ihn dazu, in einem 1826 in Paris veröffentlichten politischen Essay die Sklaverei als «größtes Übel der Menschheit» zu bezeichnen. Zugleich gab Humboldt noch heutigen Reisenden mit auf den Weg, dass es deren Sache sei, das, was die menschliche Natur quält und herabsetzt «zur Kenntnis jener zu bringen, welche zu helfen vermögen».

An den streitbaren Naturforscher erinnert im Nordosten der Insel ein nach ihm benannter Nationalpark. Auf einer teils maritimen Fläche von insgesamt mehr als 700 Quadratkilometern findet man eine besonders große Vielfalt an Ökosystemen: eine Küstenregion mit Korallenriffen und Mangroven, wo auch eine größere Population der ansonsten bedrohten Seekühe zu Hause ist, Feuchtwälder sowie eine Bergregion rund um den 1168 Meter hohen El Toldo mit stattlichen Beständen der endemischen Kubakiefer. Zudem sind mehr als 400 Tier- und Pflanzenarten ausschließlich hier beheimatet, weshalb man den Parque Nacional Alejandro de Humboldt auch „Arche Noah der Karibik" nennt.

Vom Park ist es in östlicher Richtung nicht mehr weit bis nach Baracoa, wo Christoph Kolumbus im Jahr 1492 ein hölzernes Kreuz als Zeichen der Land-

› S. 174

WACKERE KÄMPFER

Israel de los Santos Saname Soler (Spitzname: Licho, links im Bild neben seinem Bruder) war neunmal verheiratet, hat 16 Kinder und noch mehr Enkelkinder. Er arbeitete als Zuckerrohrschneider, kämpfte für die Kubanische Revolution und verteilte danach als Lkw-Fahrer Fleischwaren – ein Job, der seinem Erfolg bei den Frauen durchaus zugutekam, wie er selbst sagt. Heute lebt er auf seiner Finca in der Nähe von Baracoa, wo er eine Kakaoplantage besitzt.

«

VERSTECKTE FRUCHT

Obwohl die Kakaopflanze aus Südamerika stammt, wurde sie wohl zuerst in Mittelamerika angebaut. Auf dem Bild sieht man Israels Hände gerade eine Kakaofrucht aufschlagen, um die Bohnen herauszuholen. Sein Vater wurde 102 Jahre, die Mutter 105, die Großmutter mütterlicherseits sogar 112 Jahre alt. Und: Auch Israel (86 Jahre alt, geistig und körperlich topfit) hat noch eine ganze Menge vor!

⌄

BEDROHTE NATUR

Zu den endemischen Schätzen der Inselflora gehört die Kubanische Landschnecke *(Polymita picta)*. Auf den Kaffeeplantagen im Osten Kubas trägt sie zum Pflanzenschutz bei. Indem sie Algen von den Blättern und Stämmen frisst, reinigt sie die Gehölze und schützt sie vor Infektionen. Doch ihr Bestand, etwa im Alexander-von-Humboldt-Nationalpark, ist akut gefährdet: Obwohl die Tiere geschützt sind, verlässt so manches ihrer auffallend schönen Gehäuse als illegales Touristensouvenir das Land.

SÜSSE FRUCHT

In der Gegend um Baracoa gibt es sehr viele Kokospalmen und dementsprechend viele Kokosnüsse. Diese Arbeiterin schneidet das getrocknete Kokosfleisch aus den Nüssen, aus dem später Öl gewonnen wird.

<

ABGESCHIEDEN

Am Fuße des knapp 600 Meter hohen Berges El Yunque liegt die alte Kolonialstadt Baracoa in einer besonders regenreichen, fruchtbaren Region. Sie erstreckt sich über mehrere Hügel bis hinunter zur Bahía de Miel („Honigbucht"). Für Baracoas wirtschaftlichen Aufschwung sorgten französische Zuwanderer aus Haiti, die nicht nur die vielen Kokosnüsse verarbeiteten, sondern auch Kaffee und Kakao anpflanzten. Wo die Früchte des Kakaobaums verarbeitet werden, liegt bis heute ein angenehmer Duft von Schokolade in der Luft.

›

nahme in den Boden schlagen ließ. Diego Velázquez legte in Baracoa 1511 den Grundstein für die erste spanische Siedlung auf Kuba, die zum Ausgangspunkt seiner Eroberung wurde. Bis 1515 war die *villa primada*, die „erste Stadt" der Insel, auch deren Hauptstadt. An Kolumbus erinnert im Hafen eine Statue, sein angeblich originales Holzkreuz befindet sich in der kleinen, ursprünglich im 16. Jahrhundert errichteten Kathedrale Nuestra Señora de la Asunción.

Auf dem Parque de la Independencia, dem zentralen, dreieckig angelegten Platz Baracoas zeigt eine Büste den Kazikenhäuptling Hatuey. Er war einst mit Überlebenden seines Stammes von der Insel Hispaniola – die heute aus Haiti und der Dominikanischen Republik besteht – in den Osten Kubas gekommen. Dort kämpfte er gegen die Spanier, wurde gefangen genommen und – weil er sich weigerte, sich zum christlichen Glauben zu bekennen – im Jahr 1512 öffentlich verbrannt. 20 Jahre später rächten die Indianer seinen Tod, in dem sie Baracoa niederbrannten. Gegen die sich vor allem im 16. und 17. Jahrhundert mehrenden Piratenüberfälle versuchte man sich mit dem Bau dreier kleinerer Forts zu schützen: Seboruco, La Punta und Matachín. Doch das Interesse der Piraten verlagerte sich ohnehin zunehmend in andere Regionen der Insel. So geriet das abgeschieden zwischen dem alles überragenden Tafelberg El Yunque („Amboss") und dem Meer liegende Baracoa immer mehr in Vergessenheit. Bis schließlich nach den Sklavenaufständen in Hispaniola gegen Ende des 18. Jahrhunderts neue Zuwanderer nach Baracoa kamen: Französische Pflanzerfamilien führten im Südosten Kubas die Kaffeepflanze ein, in dessen Klima sie prächtig gedieh. Rund um ihre Plantagen entstand eine ganz eigene Infrastruktur mit befestigten Wegen und Bewässerungssystemen. Diese nutzte man auch für die Ernte eines weiteren Gewächses – der im Osten allgegenwärtigen Kokospalme, deren Früchte in der einzigen Kokosöl-Fabrik der Insel verarbeitet werden.

REGGAETON STATT SON

Nicht nur in Havanna, auch im weit entfernten Baracoa stehen die Jugendlichen auf neue Klänge. Reggaeton ist eine Mischung aus Reggae, Dancehall, Hip-Hop und weiteren Ingredenzien, mit eher anzüglich-derben Texten. Mit den alten Idealen der Revolution können die meisten kubanischen Jugendlichen kaum noch etwas anfangen. Sie wollen das, was die meisten Jugendlichen überall auf der Welt wollen: Spaß.

SCHLANGESTEHEN …

… vor einer staatlichen Metzgerei in Baracoa. Auch das ist in Kuba ein alltägliches Bild – und die Geduld der Kubaner offenbar unerschöpflich. In diesem Fall hatte sich urplötzlich eine Menschentraube gebildet, als sich blitzschnell herumsprach, dass eine Ladung Fleisch hierher unterwegs wäre. Der Lkw kam zwar, aber nach stundenlangem Warten stellte sich heraus, dass nur noch Knochen im Angebot waren. Wo das Fleisch abgeblieben war, wusste keiner.

SONNENAUFGANG …

… in der wilden Sierra del Purial: Die Baracoa umgebende Gebirgskette ist der Grund für die Abgeschiedenheit der Stadt. Vor der Revolution führte nicht einmal eine asphaltierte Küstenstraße hierher.

ANGEL

UND DIE HELDEN DER REVOLUTION

Angel erinnert sich noch gut an die Zeit vor der Revolution. Heute ist er 70 Jahre alt. Anfang der 1950er-Jahre kam er, noch als Kind, in die Sierra Maestra, wo er und seine Familie ums Überleben kämpften. Angel besaß damals nicht mehr als das, was er am Leibe trug – ein zerschlissenes T-Shirt, eine kurze Hose und Sandalen zum Ausgehen. Erst als sein Vater ein Kälbchen kaufte, mit dem Züchten begann und ein paar Pflanzen aussäte, besserte sich ihre Lage etwas.

Angel ist einer jener alten Männer, die immer noch in der Sierra Maestra leben und nach wie vor glühende Verfechter des Sozialismus sind. Er war viermal verheiratet und hat drei Kinder. Heute wohnt er allein in einer Hütte hoch oben in den Bergen, die er sich selbst gebaut hat. Unglücklicherweise wurde die Hütte vom letzten Hurrikan fast zerstört, aber inzwischen hat er das meiste wieder reparieren oder doch zumindest ausbessern können.

Von seiner Hütte hinunter zum nächsten Dorf sind es zwei Stunden zu Fuß, der Weg ist beschwerlich. Seit Angel sich bei der Arbeit mit seiner Machete am Bein verletzte, sind Auf- und Abstieg nicht einfacher geworden.

Tobias Hauser begegnete Angel zufällig bei einer seiner vielen Reisen in den Osten der Insel, und der alte Mann begeisterte ihn sofort. Angel lud ihn ein in seine Hütte, machte ihm einen fantastisch schmeckenden Kaffee und erzählte ihm bis tief in die Nacht hinein von den Tagen der Revolution, als sie alle, die ganze Landbevölkerung, „wie ein Mann" hinter Fidel und seinen *compañeros* standen.

Angel hat sie alle persönlich gekannt: Fidel, Raúl, Che und Camilo. Letzterer, Camilo Cienfuegos, gehörte ebenfalls zu den führenden Revolutionären,

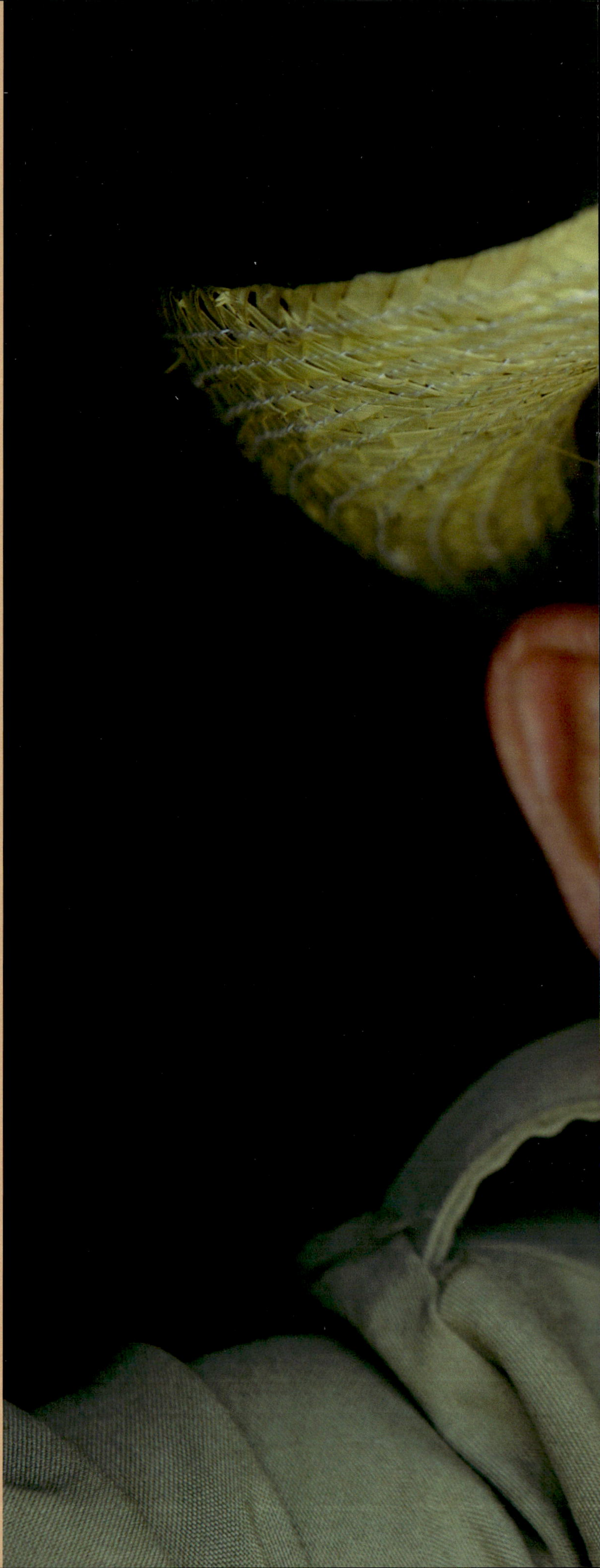

1

2

3

Seiten 180/181_Angel, 70 Jahre alt, *compañero* der Revolution und ein bisschen weise.
1_Angel beim Zubereiten des von ihm selbst angebauten, selbst gerösteten und über dem offenen Feuer gekochten Kaffees: eine kulinarische Offenbarung in den Bergen der Sierra Maestra. 2_Man(n) kann ja nie wissen …
3_Angel mit seinem jüngsten Sohn. Hier berichtet er Tobias gerade von den glorreichen Zeiten der Revolution, von der Kuba und die Kubaner nur profitiert hätten: «Sie wollten nichts für sich, alles für das Volk», meint er über Fidel, Che und Camilo 4_Zu den großen Errungenschaften der Revolution zählt Angel, dass er ungefährdet im ganzen Land herumreisen konnte. Aber richtig zu Hause ist er nur hier, in seiner Hütte hoch oben in den Bergen.

ist außerhalb Kubas aber etwas weniger bekannt. Auf der Karibikinsel selbst wird sein Ansehen hochgehalten: *Una flor para Camilo* („Eine Blume für Camilo") sagen die Schulkinder, wenn sie an seinem als Nationalfeiertag zelebrierten Todestag, dem 28. Oktober, ihm zu Ehren eine Blume ins Meer werfen.

Camilo kam im Revolutionsjahr 1959 bei einem Flugzeugabsturz ums Leben, Che starb 1967 als Guerillakämpfer in Bolivien, und Fidel, meint Angel mit einem breiten Grinsen im Gesicht, «hat seine Krise gehabt, aber jetzt wird er nie mehr sterben».

Angel und große Teile der übrigen Landbevölkerung unterstützten damals die sich in den Bergen versteckenden Rebellen mit Essen, Kleidung und allem, was diese sonst zum Überleben in dieser unwirtlichen Gegend brauchten. Sie waren es leid, der Willkür des Batista-Regimes ausgesetzt zu sein, fürchteten die Brutalität des Militärs, das einen «einfach so umlegen konnte», erinnert sich Angel.

Die Revolutionäre waren zunächst ihre Beschützer, dann ihre Befreier. Die Landbevölkerung kämpfte mit ihnen, auch wenn es gefährlich war.

«Man muss schon etwas riskieren, um anderen zu helfen», sagt Angel, der selbst einen Onkel im Befreiungskampf verlor. Er sympathisierte mit den führenden Rebellen auch persönlich, fand Camilo «sehr umgänglich», Fidel «sehr freundlich» und weiß über Che nicht nur zu berichten, dass er «sehr flinke Beine» hatte, sondern auch, dass er vielleicht tot sein mag, aber trotzdem «immer in unserem Herzen ist».

Eines Abends erzählte Angel Tobias nicht ohne Stolz, dass er zwar „nur" vier Ehen geführt, aber viel mehr Frauen glücklich gemacht habe. Jetzt lebe er zwar hier oben allein, aber unten im Dorf hätte er eine Freundin, die er hin und wieder besuche.

Tobias sah den alten Mann an, und es dauerte eine Weile, bis Angel damit herausrückte, worum es ihm eigentlich ging: Er habe davon gehört, sagte Angel, dass es «bei euch» doch «so ein Mittel» gäbe, «für nicht mehr ganz so junge Männer».

Tobias verstand zuerst nicht, was Angel meinte, bis dieser hinzufügte, ein Freund von ihm, der Arzt sei und in Venezuela arbeite, hätte ihm von dem Mittel erzählt.
«Viagra?»
«Sí.»

Tobias konnte ihm diese Bitte nicht abschlagen. So kehrte er ein Jahr später wieder zurück, wanderte erneut hinauf zu Angels Haus, wo ihm dieser schon von Weitem freudig zuwinkte. Als Tobias ihm das versprochene Gastgeschenk überreichte, strahlte Angel über das ganze Gesicht. Sie tranken gemeinsam von Angels köstlichem Kaffee, und irgendwann wollte der Fotograf dann doch von ihm wissen, was er mit dem Viagra vorhabe.

«Wenn du eine Frau richtig liebst», antwortete Angel, «brauchst du kein Viagra. Aber wenn du noch ein Auge auf eine andere schöne Frau geworfen hast, die du auch verführen willst, dann klappt es nicht richtig. Doch mit Viagra funktioniert es immer, denn Viagra kennt kein schlechtes Gewissen.»

TROPISCHES PARADIES

An den Stränden im Osten werden Träume wahr: feiner, weicher Sand, sich sanft kräuselnde Schaumkronen und das kitzlige Gefühl, wenn das warme Meer die nackten Zehen erreicht.

›

SANTIAGO UND DIE SÜDKÜSTE

SALSA, SON, SONNE UND STRAND

Manchmal ist es schon allein der Klang der Worte, der zu verzaubern vermag: *El oriente* nennen die Kubaner den Ostteil ihres Landes. Das klingt nach Exotik, die auch der geographischen Nähe zur Nachbarinsel Hispaniola geschuldet sein mag: Immerhin liegen Haiti und die Dominikanische Republik von Kubas Südostküste aus näher als die eigene Inselhauptstadt Havanna. „Exotisch" wirken auf die Besucher auch die Strände an dieser Küste. Ist das noch real oder doch schon das Paradies? Man möchte die Zeit anhalten, die Augen schließen und tief einatmen. «Es gibt kein Eiland, das so reich an Düften ist wie Kuba», notierte einst Alexander von Humboldt in seinem Reisetagebuch. Der Mann hat recht. Heiß ist es hier und – sehr – trocken. Still. Kaum besiedelt. Das Farbenspiel überwältigt den Betrachter: türkis das Meer, goldgelb der Strand, weiß hingetupft die Passatwolken am blauen Himmel ...

Ein schmales Asphaltband zwischen den grünen Ausläufern der hoch aufragenden Sierra Maestra auf der einen und der unendlich erscheinenden Karibischen See auf der anderen Seite führt immer wieder zu spektakulären Ausblicken auf wilde Küstenabschnitte und herrliche Sandstrände. Vor einigen Jahren hat ein Hurrikan dieser Küstenstraße zwischen Marea del Portillo und Santiago de Cuba schwer zugesetzt. Teile davon wurden komplett weggerissen und bis heute nicht repariert. An manchen Stellen sollte man lieber nicht zu nah an die Abbruchkanten heranfahren, denn von dort kann es unvermittelt bis zu 60 Meter in die Tiefe gehen. Mit einem gängigen Pkw ist die Costa Sur nur schwer zu erkunden, doch mit einem Jeep gelangt man in der Regel überallhin.

Östlich von Santiago de Cuba verbindet sich mit dem Namen „Guantánamo" ein selbst von US-Präsident Barack Obama als solches bezeichnetes «trauriges Kapitel in der Geschichte der USA». Wenn es nach dem promo-

› S. 192

AN DER PLAYA GUARDALAVACA

„Hüte die Kuh" lautet der Name dieser Playa übersetzt – ein Hinweis auf die koloniale Vergangenheit des Badeorts als Rinderzuchtstation der spanischen Silberflotte. Heute hütet man hier allenfalls noch seine Haut vor einer Überdosis karibischer Sonne und genießt das (Strand-)Leben.

FARBEN UND FORMEN

Extrem trocken ist das Klima an der wilden, teilweise noch wie unberührt daliegenden Ostküste – ein extremer Kontrast auch zum Landesinneren.

FORMATIONSFLUG

Der Kuba-Flamingo *(Phoenicopterus ruber)* wird aus nachvollziehbaren Gründen auch Roter Flamingo genannt. Sein Lebensraum sind Lagunen und Salzseen. Die Tiere leben in dauereheähnlichen Verhältnissen und fressen hauptsächlich Kleinkrebse.

INVASION DER KRABBEN

Zwischen März und April begegnet man an der Costa Sur vielen Halloweenkrabben *(Gecarcinus ruricola)*. Ihren Namen verdanken die Tiere der auffälligen Färbung: an der Oberseite dunkelbraun bis schwarz, um die Augenpartien orange leuchtend. Im Laufe der Evolution entwickelten sie sich zu echten Landtieren. Tagsüber schützen sie sich an schattigen Plätzen vor der Hitze, um gegen Abend zum Meer zu krabbeln und dort zu laichen. In der Dunkelheit können dann schon einmal tausende dieser Tiere unterwegs – und ein echtes Problem für den Straßenverkehr – sein.

<

STACHELIGE PERSPEKTIVE

Wer durch den Osten des Landes fährt, dem fällt bald auf, wie viel Land brachliegt. Statt Agrarprodukten, die der fruchtbare Boden mühelos hervorbringen könnte, überwuchert vielerorts das im 19. Jahrhundert aus Afrika eingeschleppte Marabú (*Dichrostachys cinerea,* im Hintergrund) das Land. Dem schwer zu bekämpfenden Weidenholz kann nicht einmal Feuer etwas anhaben. Auf Kuba wird es als „Fluch der Landwirtschaft" bezeichnet.

›

«IRGENDWANN LÖST SICH DIE STRASSE IN LUFT AUF, UND ES GEHT DIREKT AN DER WILDEN KÜSTE WEITER.» TOBIAS HAUSER

vierten Rechtsanwalt Fidel Castro gegangen wäre, hätte der rund 115 Quadratkilometer große, 2002 um ein Gefangenenlager für mutmaßliche Terroristen erweiterte Marinestützpunkt der Vereinigten Staaten schon im Revolutionsjahr 1959 an Kuba zurückgegeben werden müssen. Die neuen Regenten wollten den im Jahr 1903 zunächst auf 99 Jahre geschlossenen, 1934 dann auf unbestimmte Zeit verlängerten Pachtvertrag zwischen dem Karibikstaat und den USA nicht anerkennen. Letztere pochten jedoch auf dessen Einhaltung, und unabhängig von den sich daraus ergebenden formaljuristischen Auseinandersetzungen ist anzunehmen, dass die „alten Ansprüche" der Vereinigten Staaten ohnehin weit über einen einzelnen Marinestützpunkt hinausgehen. Als «natürliches Anhängsel des nordamerikanischen Kontinents» bezeichnete etwa der damalige Außenminister und spätere US-Präsident John Quincy Adams im Jahr 1823 Kuba. Er meinte: «Es gibt Gesetze der physikalischen wie der politischen Schwerkraft, und so wie ein im Sturm vom Baum gerissener Apfel keine andere Wahl hat, als zur Erde zu fallen, so kann auch Kuba, ... gewaltsam aus seiner widernatürlichen Verbindung mit Spanien gelöst und unfähig, sich selbst zu schützen, nur der Schwerkraft der Nordamerikanischen Union folgen, die kraft desselben Naturgesetzes Kuba nicht von ihrem Busen stoßen kann.»

Wie man weiß, verlief die weitere Geschichte anders, als von Adams vermutet. Doch es dürfte keine allzu verwegene Spekulation sein, anzunehmen, dass die US-Administration gerade in Kubas derzeitiger Lage, nach dem Wegfall wichtiger Bündnispartner und in einer Zeit des Umbruchs sowie der inneren Neuorientierung, sehr genau darauf achtet, „wohin der Apfel fällt".

Den Kubanern wäre es zu wünschen, dass der Apfel weiterhin an seinem Baum hängen bliebe und auch die USA alles unternähmen, damit dieser wächst und gedeiht. Oder dass sie zumindest nicht weiterhin durch das von

› S. 196

CASA DE LA TROVA IN SANTIAGO DE CUBA

Noch ist es ruhig in Kubas berühmtester Musikkneipe, aber die Saiten sind schon gestimmt. Abends gibt es im ersten Stock im Ballsaal eine Show für Touristen, doch die Santiagueros treffen sich unten in einem kleinen Raum mit noch kleinerer Bühne, wo Open-Stage-Musiker auftreten. Paul McCartney, so erzählt man sich, soll hier mehrere Wochen lang Tag für Tag gesessen und zugehört haben. Der Mann weiß eben, was gut ist.

DANCE THE NIGHT AWAY

In Santiago de Cuba ist es um einiges heißer als in den anderen kubanischen Städten. Heiß sind auch die Rhythmen, nach denen an allen Ecken und Enden getanzt wird. Da kann und sollte man schon auch mal die Nacht zum Tag machen.

«*KUBANISCHE MUSIK IST EINE LIEBESGESCHICHTE ZWISCHEN AFRIKANISCHEN TROMMELN UND SPANISCHEN GITARREN…*» FERNANDO ORTIZ, KUBANISCHER MUSIKETHNOLOGE

ihrer Regierung gegen Kuba verhängte Handels-, Wirtschafts- und Finanzembargo mitverantwortlich dafür wären, dass der Apfel zu faulen beginnt. Immerhin waren die USA schon einmal Kubas wichtigster Handelspartner: 1890 führten sie von dort Waren im Wert von 61 Millionen Pesos ein, während das damalige Mutterland Spanien gerade noch Waren für sieben Millionen Pesos aus Kuba importierte. Fünf Jahre später begann dann der Zweite Unabhängigkeitskrieg gegen die Iberer.

In keinem anderen Teil der Insel findet man so viele Schauplätze der kubanischen Freiheitsbewegung wie im *oriente*. Nirgendwo anders wurden mehr Rebellionen angezettelt als hier. Den Sieg über die Truppen des Diktators Batista verkündete Castro in Santiago de Cuba, Kubas zweitgrößter Metropole, die im Jahr 1515 von Diego Velázquez gegründet wurde. Die malerisch in einer von den Ausläufern der Sierra Maestra gerahmten Bucht gelegene Ansiedlung war nach Baracoa Kubas zweite Hauptstadt. Sie diente der spanischen Armada als wichtigster Stützpunkt in der Karibik und wurde zum Ankunftshafen für die Sklavenschiffe aus Westafrika. Um sich vor der zunehmenden Bedrohung durch Piratenüberfälle und Angriffe rivalisierender Kolonialmächte zu schützen, errichteten die Spanier auf einem felsigen Vorgebirge die Festung San Pedro de la Roca, kurz „El Morro“ genannt.

Die meisten Sehenswürdigkeiten findet man in der zentralen Altstadt zwischen dem Parque Céspedes und der Plaza de Marte. Am Parque Céspedes steht auch Kubas ältestes Gebäude, die im Jahr 1516 errichtete Casa Diego Velázquez. In Kubas berühmtester Musikkneipe, der Casa de la Trova, hört man vor allem den Son, den der Buena Vista Social Club weltberühmt gemacht hat. Er entstand in den Unabhängigkeitsbewegungen des 19. Jahrhunderts als Musik, die spanische und afrikanische Elemente vereinte. Aber auch jenseits der Kneipen lebt die Stadt für die Musik: Aus irgendeinem der

> S. 201

MUSIKMIX

Die traditionelle kubanische Musik kann in vier Grundformen unterteilt werden: die rhythmisch mit mindestens drei Handtrommeln die afrikanischen Wurzeln beschwörende Rumba, der erstmals afrikanische und spanische Einflüsse vereinende Son, der ruhigere Danzón (aus dem Mambo und Cha-Cha-Chá hervorgingen) sowie die einst von Troubadouren vorgetragenen Balladen der Trova. Vermischt werden sie zur Salsa – der feurigsten „Soße“ (spanisch *salsa*) kubanischer Musik.

>

GESCHICHTSTRÄCHTIG

Schauplatz des ersten revolutionären Anlaufs drei Jahre vor der Landung der „Granma“ an der Ostküste ist die außerhalb des Stadtzentrums von Santiago de Cuba gelegene ehemalige Moncada-Kaserne: Am 26. Juli 1953 versuchten Fidel Castro und seine Anhänger hier eine der wichtigsten Bastionen des verhassten Batista-Regimes zu stürmen. Der Angriff scheiterte jedoch, weil sich ein Schuss aus Fidels Waffe zu früh löste. Dadurch wurden die Soldaten in der Kaserne vorgewarnt. Heute sind in dem Gebäude ein die historischen Ereignisse dokumentierendes Museum und eine Schule untergebracht. Die Einschusslöcher an der in frischem Gelb gestrichenen Fassade wurden säuberlich „rekonstruiert“.

›

CIUDAD
ESCOLAR
26 DE JULIO
unicef

VOM ENGEL BEWACHT

An der Südseite des Parque Céspedes im Zentrum von Santiago de Cuba erhebt sich die Kathedrale Nuestra Señora de la Asunción in den karibischen Himmel. Zwischen den Zwillingstürmen wacht ein Engel, im Inneren findet man einen Beleg dafür, dass auch Eroberer sterblich sind: das Grab von Diego Velázquez. Der erste von mehreren durch Brände oder Erdbeben zerstörten Vorläuferbauten dieses Gotteshauses war eine einfache Holzkirche.

‹

«AUCH DIE REVOLUTIONÄRE ERWIESEN DER JUNGFRAU VON EL COBRE IHRE VEREHRUNG, UND SICHER HABEN SIE NICHT ZULETZT DANK IHRER HILFE GEWONNEN.» ROBERT FISCHER

vielen schattigen Innenhöfe dringt immer Musik, in den Gassen wird musiziert – und wem bei den anmutigen Bewegungen der Tänzer nicht das Herz aufgeht, der hat keins. So vermischt sich das Klack, Klack der *claves*, der aus Afrika importierten Klanghölzer, mit den ebenfalls perkussiv eingesetzten *maracas* (Rasseln) und dem rhythmischen Schrammeln der *tres*, der dreimal mit zwei Saiten bespannten kubanischen Gitarre, zur heiligen Dreieinigkeit der traditionell-kubanischen Musik. Oft gesellt sich noch ein wuchtige Tieftöne spendender Bass hinzu, und über all das legen sich dann die Stimmen der von Liebe, Lust und Leidenschaft kündenden Sänger.

Pflichttermin für Revolutionsfans ist die Besichtigung der Moncada-Kaserne in Santiago de Cuba, Schauplatz des gescheiterten Sturmversuchs im Jahr 1953. Einen eigenen Besuch wert sind außerdem das Museo del Carnaval und der schachbrettartig angelegte Friedhof Santa Ifigenia, auf dem neben dem Unabhängigkeitskämpfer Carlos Manuel de Céspedes auch der Nationalheld José Martí begraben liegt. Zeit nehmen sollte man sich zudem für eine Fahrt zur rund 27 Kilometer nordwestlich von Santiago gelegenen Wallfahrtskirche El Cobre. In ihr wird mit der Statue der Virgen de la Caridad del Cobre Kubas Nationalheilige verehrt. Ihr spendeten als wertvollste Votivgaben Hemingway seine inzwischen nicht mehr öffentlich ausgestellte Nobelpreismedaille und Castros Mutter ein Amulett zum Schutz des Sohns.

Hier wird aber auch Kubas entspannter Umgang mit den verschiedensten Einflüssen unterschiedlichster Kulturen deutlich: Die barmherzige Jungfrau gilt nämlich hierzulande nicht nur als katholische Heilige, sondern sie verkörpert auch Ochún, die Göttin der Liebe und der Fruchtbarkeit aus dem afrokubanischen Götterhimmel. Als solche ist sie die „Mutter aller Mütter“ und die personifizierte Erotik zugleich – einer solchen Frau huldigen auf Kuba selbstverständlich auch die bärtigsten Helden der Revolution. |

AFRIKANISCHES ERBE

In keiner anderen kubanischen Stadt ist der Anteil der Schwarzen an der Bevölkerung so hoch wie in Santiago de Cuba.

DOMINOEFFEKT

Lieber noch als das von Che Guevara propagierte Schach spielen die Kubaner Domino – auch gern auf der Straße und unter reger Anteilnahme von Nachbarn und Passanten wie hier in Santiago de Cuba.

^

MASKED

FREIRAUM

Raum ist in der kleinsten Hütte, aber nicht nur in Santiago de Cuba ist die Wohnsituation oft so beengt, dass sich die meisten so wenig wie möglich in ihren Häusern aufhalten. Stattdessen verlagert sich das Leben nach draußen.

‹

ORIGINALE

In dieser alten Druckerei mitten in der Altstadt von Santiago de Cuba druckt man auf Präzisionsmaschinen, die zwar schon längst museumsreif sind, als „echte Heidelberger" aber immer noch hervorragende Qualität liefern, sagen die Arbeiter. „Made in Germany" hat bei ihnen einen sehr guten Ruf. An der Wand hängt ein Bild des vietnamesischen Revolutionärs Ho Chi Minh.

ORIGINAL HEIDELBERG

WITZBOLD(E)

Machismo ist, wenn man(n) trotzdem lacht. Die beiden Angestellten in ihrem Büro in Santiago de Cuba haben offenbar viel Zeit und wenig Arbeit – dafür aber recht gute Laune. Sehenswert ist auch der als Antiquität durchgehende Ventilator vorn rechts.

^

PRIVATWIRTSCHAFT

Der Salon Principal ist ein vergleichsweise edler Friseur.
Mit den Lockerungen der privatwirtschaftlichen Regelungen im neuen kubanischen Marktsozialismus trifft man vermehrt auch auf viele Ein-Mann-Betriebe, die ihr Geschäft auf einem schlicht in irgendeine Ecke gestellten Stuhl betreiben.

»

SCHWEIN GEHABT

Dieses Schwein soll von seinem Bauern verkauft werden, der dafür eigens nach Santiago gekommen ist.

⌄

Salón
INCIPAL

BEGEGNUNGEN

AUF DER SUCHE NACH KUBAS SEELE

TOBIAS HAUSER IM GESPRÄCH MIT ROBERT FISCHER

Für Tobias Hauser ist Kuba zur zweiten Heimat geworden. Seit rund 15 Jahren bereist er regelmäßig die Karibikinsel, im Schnitt zweimal jährlich. Dabei hat er sich einen „Ehrentitel" verdient, den die Kubaner höchst selten vergeben, wenn sie ihm in einer Mischung aus gespielter Empörung, augenzwinkerndem Einverständnis und lächelnder Anerkennung zurufen: «Du bist doch selbst ein Kubaner!»

Robert Fischer_Erinnerst du dich noch daran, wie du zum ersten Mal in Havanna aus dem Flugzeug stiegst?

Tobias Hauser_Ich weiß noch genau, wie dunkel es beim Anflug war. Da waren kaum Lichter zu sehen, wie man das sonst bei einer Großstadt erwarten würde. Beim Ausstieg auf die Landebahn schlug mir ein Schwall feuchtwarmer Luft entgegen, dann sah ich in der Ferne die erste Parole: *Socialismo o muerte* («Sozialismus oder Tod»). Im alten José-Martí-Flughafen mussten wir anschließend eine gefühlte Ewigkeit lang anstehen, weil dort nur zwei oder drei Kontrollstellen geöffnet hatten. «Aha», dachte ich mir da, «herzlich willkommen im Sozialismus!»

Was wusstest du damals über Kuba?

Ich hatte den Fotoauftrag ganz kurzfristig erhalten und kaum Zeit, mich groß vorzubereiten. Erst im Flieger vertiefte ich mich in ein paar Reiseführer. Heute glaube ich, dass das genau das Richtige war für mich: So konnte ich mich einfach in den kubanischen Alltag fallen lassen, konnte die Eindrücke und Erlebnisse auf mich wirken lassen und erst nach und nach meine Schlüsse daraus ziehen.

Du warst zunächst viel mit dem Rad unterwegs?

Ja, aber ich bin auch viel getrampt, war mit dem Motorrad, dem Bus oder Zug unterwegs. Begeistert haben mich vor allem die Tabakregion Pinar del Río und die Sierra Maestra, weil dort alles noch so ursprünglich ist und das Leben viel entspannter als anderswo. Man hat dort wirklich oft den Eindruck, als wäre die Zeit stehen geblieben. In Havanna gibt es dafür immer etwas Neues zu entdecken. Die Stadt ist so riesig und das Leben im *barrio*, in der Nachbarschaft, ein Kosmos für sich. Spontaneität spielt hier wie überall auf der Insel eine große Rolle, und ich habe schnell gemerkt: Wenn du offen bist für Begegnungen, dir genügend Zeit dafür nimmst, dann kann auf Kuba oft etwas ganz Besonderes daraus werden.

An deinen Fotos fasziniert sofort die Nähe zu den Menschen. Was macht für dich ein gutes Foto aus?

Als Autodidakt stand für mich zunächst gar nicht das Fotografieren im Vordergrund, sondern das Reisen. Die Fotografie war für mich nur ein Mittel zum Zweck, um von meinen Reisen berichten zu können.

> S. 218

LEBENSFREUDE

Zum kubanischen Alltag gehört auch die Lust an der Inszenierung: ob fröhlicher Genussmensch mit Bierbauch, farbenfrohe Flaneurin oder posierende Nachbarin(nen). Selbst die Babys wissen sich in Szene zu setzen, die größeren Kids sowieso. Die beiden schick gestylten Mädchen im Oldtimer Mitte links sind auf dem Weg zur *quinceañera*, ihrer Feier zum 15. Geburtstag, die den Übergang vom Kind zur Frau markiert.

VIELFALT

Rund 400 Jahre koloniale Geschichte machten Kuba zu einem Schmelztiegel, in dem sich europäisches und afrikanisches Erbe vermischen. Die ethnische Zusammensetzung der heute rund 11,2 Millionen Kubaner verteilt sich auf 65 Prozent Weiße, 24 Prozent Mulatten und Mestizen sowie rund zehn Prozent Schwarze. Etwa ein Prozent sind asiatischer Abstammung, vor allem Chinesen.

LEBENSGEFÜHL

Leben und leben lassen: Auf der größten Insel der Antillen findet jeder seinen ganz eigenen Stil. Die einen stylen vor allem ihren Körper, was auch in Erinnerung ruft, dass Kuba eine große Sportnation ist: Viele der weltbesten Boxer, Hochspringer oder Baseballspieler stammen von hier. Auch den Helden der Revolution war Sport ein wichtiges Anliegen: Sie machten sich die Meinung des französischen Pädagogen, Historikers und Gründers des Internationalen Olympischen Komitees (IOK) Baron Pierre de Coubertin zu eigen, wonach mit dem Sport politische, soziale sowie ethnische Unterschiede überbrückt werden können. Andere gestalten ihre Freizeit „zu Wasser und zu Lande". Ein guter Rauch erfreut ebenfalls, und dass frau zeigt, „was sie hat", versteht sich auf Kuba von selbst. Nicht jede(r) aber hat gleich einen Oldtimer im Wohnzimmer stehen.

«WENN DU OFFEN BIST FÜR BEGEGNUNGEN, DIR GENÜGEND ZEIT DAFÜR NIMMST, DANN KANN AUF KUBA OFT ETWAS GANZ BESONDERES DARAUS WERDEN.»

TOBIAS HAUSER

Auch heute noch finde ich, dass ein gutes Bild dem Betrachter eine Geschichte erzählen sollte. Und man sollte das Gefühl haben, mittendrin im Geschehen zu sein. Mit meinen Porträts versuche ich etwas vom Wesen des Menschen zu zeigen, von seiner Seele – oder doch zumindest eine ehrliche Emotion.

Der karibische Sozialismus wirkt bei dir gar nicht grau und miesepetrig, sondern fröhlich und heiter. Ist er das?

Nicht nur, aber auch. Zum einen ist es sicherlich so, dass ich mir über die Jahre einen bestimmten Humor angeeignet habe und die Kubaner zum Lachen bringen kann. Andererseits haben die Menschen hier eine Grundfreude in sich, die relativ schnell zum Vorschein kommt. Das heißt aber nicht, dass die Menschen nicht genauso ihre Probleme hätten wie anderswo auch. Das beginnt schon bei der Grundversorgung: Mit dem, was du vom Staat bekommst, kannst du auf Kuba vielleicht elf, zwölf Tage lang leben, heißt es. Den Rest des Monats musst du dann selbst schauen, wie du über die Runden kommst.

Wie beurteilst du die zum Teil gravierenden Veränderungen der kubanischen Politik in den letzten Jahren?

Die größte Bedeutung haben sicher die privatwirtschaftlichen Veränderungen, die jetzt immer mehr Kubanern die Möglichkeit geben, sich selbstständig zu machen. Dadurch wird aber auch die Schere zwischen denen, denen es zunehmend besser geht, und den anderen merklich größer. Und was die lautstark angekündigte Reisefreiheit angeht: Die ist mit so vielen Hürden verbunden, dass sie auch wieder nur für diejenigen gilt, die sich das finanziell leisten können.

Wenn du drei Wünsche freihättest, für Kuba und die Kubaner: Was würdest du ihnen für die Zukunft wünschen?

Der erste Wunsch wäre sicherlich, dass sie es schaffen, so zu bleiben, wie sie sind. Dass sie sich ihre Spontaneität, ihre Aufgeschlossenheit, ihre Herzlichkeit möglichst lange bewahren können. Und dann wäre ihnen natürlich zu wünschen, dass von den Veränderungen möglichst alle profitieren würden, nicht nur einzelne. Vor allem aber würde ich ihnen wünschen, dass der Wandel nicht zu schnell vonstatten geht, dass ihnen genügend Zeit bleibt, ihren eigenen Weg zu gehen.

Und was, denkst du, wünschen sich die Insulaner selbst?

Interessant finde ich, dass bei den Wünschen der Kubaner fast immer die Gesundheit an erster Stelle steht. Gar nicht zuerst das Materielle, wie man vielleicht vermuten könnte. Daher kommt es wohl auch, dass die Leute, die mit mir auf Reisen gehen, immer das Gefühl haben, auf Kuba seien alle Menschen so zufrieden: weil es tatsächlich so ist. Ich bin davon überzeugt, dass die Kubaner in den Grundtiefen ihres Herzens die Fähigkeit entwickelt haben, zwischen Traum und Wirklichkeit zufriedener zu leben als wir, die wir eigentlich alles haben. |

BÄUERLICHER ALLTAG

Auf dem Lande geht es immer noch recht beschaulich zu – in der Tabakwelt mehr als im Reich der Zuckerbarone. Auf Bildern wie diesen wird deutlich, was Kubas Magie ganz entscheidend ausmacht: Es ist die „Magie des Trotzdem“, die viele Kubaner trotz aller Einschränkungen vergleichsweise gelassen bleiben lässt. Was zählt, ist der Moment, und: Morgen beginnt schon ein neuer Tag.

BEWEGTE ZEITEN

Ob hoch zu Ross, mit dem Moped oder auf der *chibichana*, einer Art Seifenkiste auf alten Kugellagern – wo ein Wille ist, ist auch ein Gefährt(e). Als Reisender sollte man sich genügend Zeit nehmen, den kubanischen Alltag zu erleben, wie er sich vornehmlich auf der Straße abspielt. Und spontan genug sein, die Spontaneität der meisten Kubaner zu erwidern.

EIN LAND IM UMBRUCH

Vom einfachen Leben etwa in den Straßen von Trinidad, auf denen die Kubaner gern ihre Singvögel „spazierenführen“, in die Glitzerwelt des „Tropicana“: Der im Jahr 1939 in Havanna gegründete, als „Paradies unter den Sternen“ beworbene Nachtclub erinnert an das alte, vorrevolutionäre Kuba. Unter Fidel Castro wurde der Club verstaatlicht, seitdem fließen die Eintrittsgelder der etwa 250 000 jährlich das „Tropicana“ besuchenden Touristen in die Staatskasse. Dass der Staat die Devisen dringend nötig hat, belegen die vielen Entlassungen der letzten Jahre: Bis vor Kurzem waren noch 80 Prozent der Kubaner beim Staat angestellt. Vor allem für die jungen, gut ausgebildeten Kubaner wird es zunehmend zum Problem, dass gut bezahlte Jobs kaum vorhanden sind. Für den Sprung in die Selbstständigkeit fehlt oft das Startkapital. Trotzdem lieben die Kubaner ihr Land: Mit ihrem *patriotismo*, dem inseltypischen Nationalstolz, feiern sie die Einzigartigkeit Kubas.

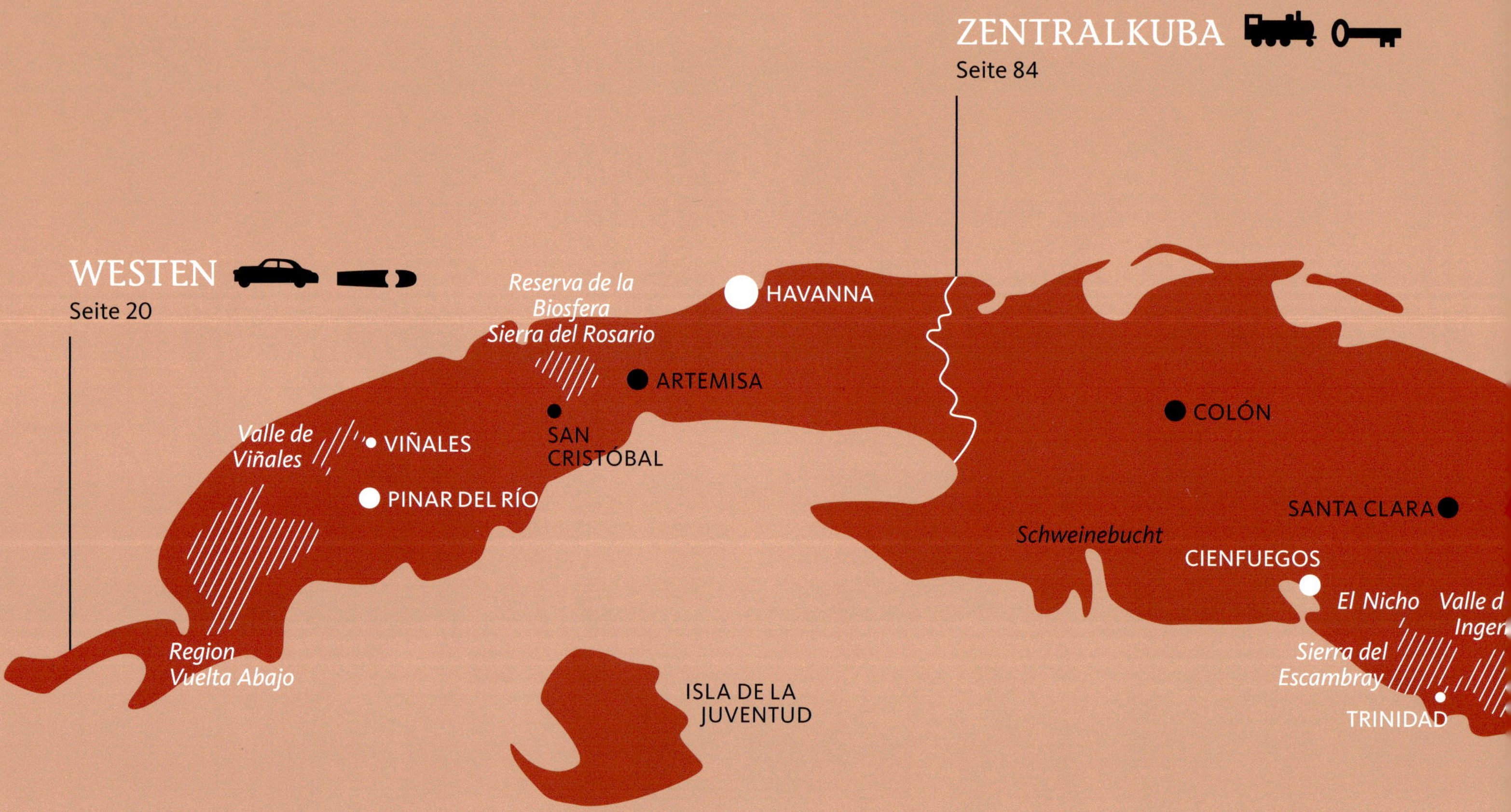

ORTSREGISTER

USA
BAHAMAS
GOLF
VON MEXIKO
ATLANTIK
KUBA
KARIBIK
HAITI
JAMAIKA
DOMINIKANISCHE
REPUBLIK
OSTEN
Seite 148
ANCTI SPÍRITUS
CIEGO DE ÁVILA
CAMAGÜEY
LA JAGUA
LAS TUNAS
MOA
Parque Nacional
Alejandro de Humboldt
BARACOA
BAYAMO
Gran Parque Nacional
Sierra Maestra
GUANTÁNAMO
Parque Nacional
Desembarco del Granma
SANTIAGO
DE CUBA
fotografierte Orte
fotografierte Regionen
N
50 km
0 km

FOTOGRAF UND AUTOR

Tobias Hauser, Jahrgang 1969, veröffentlichte mehrere Bildbände. Er präsentiert seine Fotos in Multimedia-Shows und veranstaltet Foto- und Erlebnisreisen nach Kuba, Costa Rica, Äthiopien und auf die Seychellen. In seiner Heimatstadt Freiburg organisiert er jährlich das größte Reportage-Festival Europas, die MUNDOLOGIA.

Robert Fischer, Jahrgang 1960, lebt als freier Autor und Leiter eines von ihm gegründeten Verlags- und Redaktionsbüros in München. Mit Kuba beschäftigt er sich – ausgehend von seinem Interesse an lateinamerikanischer Literatur – bereits seit Mitte der 1980er-Jahre.

IMPRESSUM

Fotos: Tobias Hauser | www.tobias-hauser.de | www.mundologia.de
Text: Robert Fischer | www.vrb-muenchen.de

Konzept und Lektorat: Stephanie Jaeschke
Gesamtgestaltung und Bildredaktion: kleka / Layout und Infografik, Tina Strube
Schlussredaktion: Katharina Harde-Tinnefeld
Übersetzung des Vorworts: Monika Rößiger
Herstellung: Barbara Uhlig
Lithografie: Peter Becker GmbH, Würzburg
Printed in Italy by Printer Trento

Die Deutsche Nationalbibliothek verzeichnet diese Publikation in der Deutschen Nationalbibliografie; detaillierte bibliografische Daten sind im Internet über http://dnb.d-nb.de abrufbar.

National Geograhic Deutschland / Bruckmann Verlag GmbH, München
ISBN 978-3-86690-366-1

Bildnachweis Seite 224:
Tobias Hauser: Ana Liza Elca, Robert Fischer: Elke Specht

DANKSAGUNG DES FOTOGRAFEN

Mein ausdrücklicher Dank geht an Latin America Tours (www.latinamerica tours.eu), National Geographic und all meine weiteren Kooperationspartner, die durch ihr Vertrauen in meine Arbeit und die sehr gute Zusammenarbeit zur Verwirklichung dieses Buches beigetragen haben. Ein besonders herzliches Dankeschön gilt Fernando Pérez für sein Vorwort und all jenen auf Kuba, die mit ihrer Gastfreundschaft und Hilfsbereitschaft Leben in den Band gebracht haben, darunter Esperanza und Indira Folas, Julia, Frank und José Robaina, Yaney Dias, Reinaldo Vivas, Luisa, Juana und Benancio, Angel und allen anderen Kubanern, die ich fotografieren durfte und die mich auf meinen Reisen begleiteten.

KOOPERATIONS-PARTNER

CUB
HERSHE